Loew

**Wenn die Seele den
Körper leiden läßt**

W0064912

Der Autor:

Dr. med. Thomas Loew arbeitet als Privat-Dozent an der Universität Erlangen. Als Spezialist für psychosomatische Erkrankungen ist er auch erfolgreicher Lehrbuch-Autor.

Priv.-Doz. Dr. med. Thomas Loew

Wenn die Seele den Körper leiden läßt

- Ich fühle mich krank, und die Ärzte finden nichts
- Wie die Psyche den Körper beeinflußt
- Welche Therapie mir wirklich hilft

Unter Mitarbeit von
Dr. med. Volker Köllner

Leserservice:

Wenn Sie Fragen oder Anregungen
zu diesem Buch haben, schreiben
Sie uns:
TRIAS Verlag
Postfach 301107
70451 Stuttgart

Lektorat:
Stefan Vieregg M.A.

Außenlektorat:
Annerose Sieck M.A.

Zeichnungen:
Friedrich Hartmann, Nagold

Umschlaggestaltung:
Cyclus · D+P Loenicker, Stuttgart

Bildnachweis:
Umschlag vorne und hinten:
Parthena Loenicker

Fotos im Innenteil: Photo Disc

Die Deutsche Bibliothek –
CIP-Einheitsaufnahme
Loew, Thomas:
Wenn die Seele den Körper leiden läßt : ich
fühle mich krank, und die Ärzte finden
nichts ; wie die Psyche den Körper beein-
flußt ; welche Therapie mir wirklich hilft /
Thomas Loew. Unter Mitarb. von Volker
Köllner. – Stuttgart : TRIAS, 1998

Gedruckt auf chlorfrei gebleichtem
Papier

© 1998 Georg Thieme Verlag
Rüdigerstraße 14,
D-70469 Stuttgart
Printed in Germany
Satz: Fotosatz H. Buck, Kumhausen
Druck: Gutmann, Talheim

ISBN 3-89373-418-X   1 2 3 4 5 6

● **Zu diesem Buch** 12

● **»Ich fühle mich krank, und die Ärzte finden nichts ...«** 15

Danksagung

Auch in der Psychosomatik gewinnt das wissenschaftlich begründete Vorgehen bei Diagnostik und Therapie zunehmend an Bedeutung. Besonders bedanken möchte ich mich deshalb bei den Kollegen Dr. N. Hartkamp, Düsseldorf; Dr. P. Henningsen, Heidelberg; Dr. M. Sack, Hannover und Dr. C. Scheidt, Freiburg. Mit ihnen konnte ich in der Redaktionskonferenz für die Behandlungs-Leitlinien »Somatoforme Störungen« des Deutschen Kollegiums Psychosomatische Medizin zusammenarbeiten und mich intensiv austauschen. Unsere Erkenntnisse sollen hier nun einem breiten Publikum zugänglich gemacht werden.

Bei Herrn PD Dr. D. Becker, Gastroenterologie, Herrn Dr. J. Ficker, Pneumologie, Herrn PD Dr. H. Grehl, Neurologie, Herrn PD Dr. W. Rösch, Urologie, Herrn PD Dr. F. Rosanowski, Hals-Nasen-Ohrenheilkunde, Herrn PD Dr. A. Wortmann, Kardiologie (alle Universität Erlangen), sowie Herrn Prof. P. Joraschky und Dr. M. Mück-Weymann, TU Dresden, bedanke ich mich für die Durchsicht der entsprechenden Themen auf sachliche Richtigkeit, bei den Patienten, die als Testleser fungierten, für ihre Anregungen und Frau I. Eberle für die schnelle Erledigung der Schreibarbeiten. Ganz besonders möchte ich Volker Köllner, Dresden, Dank sagen. Er ergänzte dieses Buch aus verhaltenstherapeutischer Sicht und ließ seine fundierte klinische Erfahrung mit einfließen.

Bedanken möchte ich mich auch bei meiner Familie und meinen Freunden, ohne deren rücksichtsvolle Geduld und Unterstützung dieses Buches nicht hätte geschrieben werden können, und »last but not least« bei meinen Patienten, die dieses Buch möglich gemacht haben.

Erlangen, im August 1998   *Thomas Loew*

Zu diesem Buch

Im ersten Teil des Buches erfahren Sie, bei welchen Erkrankungen körperliche Beschwerden durch seelische Vorgänge ausgelöst werden können und welche Konsequenzen dies für Patienten und Ärzte hat. Ein besonderer Schwerpunkt liegt in der Beschreibung der einzelnen Krankheitsbilder, die sich insbesondere hinsichtlich des Verlaufs und im Behandlungsansatz unterscheiden. Dies soll anhand von exemplarischen Fallgeschichten verdeutlicht werden.

Im zweiten Teil möchten wir dem Leser Informationen darüber geben, wie Wissenschaftler die einzelnen körperlichen Symptome, die im Zusammenhang mit akuten und chronischen seelischen Belastungen entstehen können, heutzutage erklären.

Im dritten Teil stehen dann schließlich die aktuellen allgemeinen Therapierichtlinien sowie die Aspekte im Mittelpunkt, die in unserem Gesundheitssystem für psychotherapeutische Behandlungen wissenswert sind.

Dieses Buch soll keinen Ratgeber zur Selbstdiagnose und Selbstbehandlung darstellen. Vielmehr soll es Ihnen und Ihrem Hausarzt die Zusammenarbeit erleichtern und dazu beitragen, Ihre Krankheit und die Behandlungsvorschläge Ihres Arztes besser zu verstehen.

Wir hoffen so, den von diesen Krankheiten Betroffenen besser helfen zu können, Erklärungs- und Behandlungsansätze zu finden. Die gemeinsame Lektüre einzelner Abschnitte des Buches mit Partnern, Familienmitgliedern und anderen wichtigen Bezugspersonen kann darüber hinaus dazu beitragen, mehr Verständnis für diese häufig unverstandenen Krankheitsbilder zu finden.

Auch wenn im Text in der Regel von »Patienten« und »Ärzten« die Rede ist, meinen wir natürlich immer beide Geschlechter. Wegen der besseren Lesbarkeit wurde auf die parallele Nennung der weiblichen und männlichen Bezeichnungen verzichtet.

Im Anhang finden Sie eine Liste weiterführender Literatur, die neben einigen allgemeinverständlichen Taschenbüchern zum Thema Psyche und Psychotherapie auch Fachbücher umfaßt.

»Ich fühle mich krank, und die Ärzte finden nichts ...«

Wenn Ihre Beeinträchtigung der Befindlichkeit durch eine organische Krankheit nicht zu erklären ist, muß die Störung im psychischen Bereich liegen. Das ist nicht leicht zu akzeptieren.

Lesen Sie im folgenden, welche Krankheitsbilder es gibt, die mit körperlichen Beschwerden einhergehen, ohne daß ein organischer Schaden vorliegt. Die Fallbeispiele sollen Ihnen das Verständnis der häufigsten somatoformen Störungen erleichtern und deren Verlauf sowie Behandlung beschreiben.

Krankheit ohne körperlichen Befund – eine schwierige Ausgangslage für Patienten und Ärzte

Über die eigentlich erfreuliche Nachricht des Arztes »Wir konnten bei Ihrer Untersuchung keinen krankhaften Befund feststellen«, kann sich eine zunehmend größer werdende Gruppe von Patienten nicht mehr freuen. Etwa ein Fünftel aller Patienten von Haus- oder Fachärzten leidet unter Beschwerden, für die sich weder durch körperliche Untersuchung noch durch den Einsatz von Labortechnologie, Röntgenstrahlung, Ultraschall, Kernspintomographie und anderen diagnostischen Verfahren der »High-Tech-Medizin« eine Ursache finden läßt.

Am Anfang ihrer Krankengeschichte ist es für diese Patienten natürlich erfreulich, daß sich kein Krebs, keine Erkrankung der Herzkranzgefäße oder keine gefährliche Entzündung als Ursache ihrer Beschwerden finden läßt. Aber das Wissen darüber, bestimmte Krankheiten nicht zu haben, kann auf Dauer nicht darüber hinweg trösten, daß die Ärzte zunächst weder eine Ursache noch eine Behandlungsmöglichkeit für die Beschwerden finden können. Viele Patienten haben eine Odyssee von Spezialist zu Spezialist hinter sich und ihre Enttäuschung wächst mit jedem neuen »ohne Befund«.

Wie soll man nun der Familie erklären, daß man sich häufig elend fühlt, wo doch alle Befunde in Ordnung sind? Was antwortet man dem Arbeitgeber auf die Frage, wegen welcher Erkrankung man am Arbeitsplatz fehlt, und was sagt man Interessierten oder auch nur neugierigen Verwandten und Bekannten, die sich erkundigen, was bei der Untersuchung nun herausgekommen ist?

Auch das Verhältnis zum Hausarzt oder zu den mitbehandelnden Fachärzten wird häufig belastet. Wenn der Arzt dem Betroffenen mitteilt »Sie haben nichts!«, fühlt man sich häufig nicht ernst genommen oder sogar als Simulant abgestempelt, obwohl man doch seine Beschwerden immer wieder deutlich spürt. Viele Patienten zweifeln schließlich an sich selbst und fragen sich, ob sie sich alles nur einbilden.

Zu den Beschwerden kommt durch das Gefühl, nicht verstanden zu werden und für sich und die Umgebung keine Erklärung für die eigenen Beschwerden zu haben, also kein richtiger Kranker zu sein, zusätzliches Leid. Eine Patientin brachte ihre Situation folgendermaßen auf den Punkt: »Ich erschrecke selbst über meine Gedanken, aber manchmal beneide ich sogar die Patienten, bei denen ein Krebs festgestellt wurde. Die wissen wenigstens, was es ist.«

Wie ist es nun möglich, daß sich unser Gesundheitssystem, das mit immer besseren und teureren Untersuchungsgeräten und diagnostischen Methoden ausgestattet ist, so schwer tut, bei einer so großen Gruppe von Kranken eine Ursache des Problems und eine Möglichkeit zur Hilfe zu finden?

Eine Erklärung hierfür ist, daß von der Medizintechnik und der Wissenschaft zwar immer bessere Möglichkeiten erfunden worden sind, um die Organsysteme des menschlichen Körpers zu untersuchen. Dies brachte große Fortschritte bei der Früherkennung und Behandlungsmöglichkeit gefährlicher Krankheitsbilder; möglicherweise aber ging hierbei der Blick für den Organismus als Ganzes verloren. So können bei einem Patienten mit chronischen (über viele Monate und Jahre bestehenden) Rückenschmerzen sowohl die Wirbelknochen als auch die Bandscheiben und Nerven völlig in Ordnung sein, da die Schmerzen durch Verspannung und falsche Regulation des Zusammenspiels von Muskeln, Bändern und Sehnen verursacht werden. Diese falsche Regulation läßt sich jedoch weder mit einer Röntgenaufnahme noch einer Kernspintomographie nachweisen. Unnötig verlängert wird die Leidensgeschichte vieler Patienten, wenn ein zufällig entdeckter zweitrangiger Befund für ihre Beschwerden verantwortlich gemacht wird. Dann ist zwar ein Problem erkannt und wird vielleicht repariert; die Beschwerden bestehen jedoch zur großen Enttäuschung von Patient und Arzt weiter, da dieses Teil gar nicht für die Schmerzen verantwortlich war. An der gestörten Gesamtregulation wurde durch die Therapie nichts verändert, diese kann aber zusätzliche Beschwerden bedingen, z.B. durch Narbenbildung nach Operationen. Nebenbei bemerkt, zeigen sich z.B. bei sehr vielen Menschen nach Operationen auf

Röntgenbildern »krankhafte« Veränderungen der Bandscheiben oder der Wirbelknochen, ohne daß diese unter Schmerzen leiden, die über das alltägliche Maß an Rückenschmerzen, über die fast jeder einmal klagt, hinausgehen.

Im deutschen Sprachraum wurden solche Krankheiten deshalb auch häufig als *funktionelle Störungen, funktionelle Erkrankungen* oder *funktionelle Syndrome* bezeichnet, d. h. Krankheiten, bei denen nicht einzelnen Organe defekt sind, sondern denen gestörte Funktionsabläufe zugrunde liegen. In neuerer Zeit hat sich einem internationalen Trend folgend, auch die Bezeichnung *Somatoforme Störungen* (der Begriff bedeutet: »Krankheiten, die wie eine Organerkrankung aussehen«) eingebürgert.

Wie lassen sich gestörte Funktionsabläufe nun erklären? Bei den »Krankheiten ohne körperlichen Befund« handelt es sich nicht um ein einheitliches Krankheitsbild; vielmehr gibt es verschiedene Wege, wie ein solches Problem entstehen kann.

Das Streßmodell

Wenn man über längere Zeit einer zu hohen Belastung ausgesetzt ist, dauernd an seiner oberen Leistungsgrenze arbeitet und sich selten Ruhepausen gönnt, kann es zu Verspannungen der Muskulatur, zu Verkrampfungen oder Fehlsteuerungen an inneren Organen kommen, als deren Folge Beschwerden auftreten. Häufig ist der Körper hierbei klüger als das Bewußtsein. Viele Patienten nehmen ihre Streßbelastung nicht wahr, weil sie Gedanken haben, wie »Das ist doch normal, das schaffen andere auch« oder »Es macht mir doch auch Spaß« oder »Da mußt du jetzt noch durch«. Aus diesem Grund ist der Zusammenhang zwischen den Beschwerden und einer Überlastungssituation häufig nicht direkt erkennbar.

Das Teufelskreismodell

Bei einer anderen Gruppe von Patienten wirken Körper und Seele so ungünstig zusammen, daß sich die Beschwerden verstärken. Ein Beispiel hierfür ist ein Angstanfall (Seite 30). Man nimmt eine körperliche Veränderung, z.B. Herzklopfen, an sich wahr und erschrickt hierüber. Dieses Erschrecken führt zu einer Ausschüttung von Streßhormonen, die wiederum eine Steigerung von Herzschlag und Blutdruck verursachen. Diese Veränderung bleibt nun ebenfalls nicht unbemerkt und führt zu dem Gedanken »Tatsächlich, es wird immer schlimmer«, was wiederum zu einer verstärkten Ausschüttung von Streßhormonen und zu einer zunehmenden Anspannung führt. In der Regeltechnik nennt man diese Art von Teufelskreis »positive Rückkopplung«.

Eine andere Art von Teufelskreis besteht häufig bei Patienten mit chronischen Schmerzen. Aus der Erfahrung heraus, daß Entlastungen bei Schmerzen häufig Linderung bringen, beginnen sie sich zunehmend zu schonen und tun vieles nicht mehr, was früher zu ihrem Alltag gehörte. Die Folge ist, daß ihr Leben ärmer wird und die Schmerzen einen immer breiteren Raum einnehmen können. Hierdurch werden die Schmerzen als noch quälender und belastender erlebt, was leider häufig mit noch mehr Schonung und Rückzug beantwortet wird.

Körperliche Probleme als Folge seelischer Konflikte

Für einen weiteren Kreis von Patienten ist das körperliche Leiden Ausdruck eines häufig verborgenen Konfliktes. Der Volksweisheit ist diese Möglichkeit der Krankheitsentstehung seit langer Zeit bekannt. Dies drückt sich in Redewendungen aus wie »Es schlägt mir auf den Magen«, »Es geht mir an die Nieren«, »Es schmerzt mich zu hören, daß ...« usw.

Wissenschaftlich wird dieser Mechanismus der Krankheitsentstehung als *Konversion* bezeichnet, d.h., ein seelischer Konflikt wird vom Körper unbewußt in ein Krankheitssymptom verwandelt, sozusagen konvertiert. Dieser Prozeß ist natürlich nicht dem Willen des Patienten unterworfen und somit nicht steuerbar. Auch durch Konversion entstandene Beschwerden sind nicht »eingebildet«. Sie verursachen das gleiche Leid, wie Schmerzen, die durch eine Entzündung oder einen Knochenbruch hervorgerufen wurden. Der Featurekasten »Körperbezogene Redewendungen« (Seite 21) zeigt eine Fülle von Redewendungen, die verdeutlichen, daß psychosomatische Zusammenhänge vom Volksmund bereits gut verstanden werden. Dagegen fällt es teilweise noch schwer, psychologische Behandlungsansätze bei körperbezogenen Befindlichkeitsstörungen ohne eigentliche körperliche Ursache zu akzeptieren und anzuwenden. Körperliche Symptome, die *anstelle* eines Gefühls wie Angst, Ärger oder Traurigkeit auftreten, bezeichnet man als *Affektäquivalent.* »Anstelle« bedeutet in diesem Zusammenhang, daß Außenstehende aufgrund der Lebenssituation oder der Belastungsfaktoren das Auftreten solcher Gefühle verstehen oder nachvollziehen könnten, der Betroffene selbst diese aber verdrängt, oftmals auch verdrängen muß, da er unbewußt befürchtet, daß ihn die Gefühle sonst zu stark belasten oder gar zerstören würden.

Aus diesen Erläuterungen geht hervor, daß die Bezeichnung »Krankheit ohne Befund« bei vielen Patienten nicht ganz zutrifft, denn dies bedeutet nicht, daß diese Patienten nicht krank sind, sondern, daß durch die eingesetzten Untersuchungen keine krankhaften Veränderungen festzustellen sind. Die Wortwahl spiegelt im Grunde nur den Zeitgeist unserer auf Apparatemedizin ausgerichteten Diagnostik wider. Ein in der körperlichen Untersuchung (Abtasten, Fühlen, Abklopfen) erfahrener Arzt oder eine erfahrene Krankengymnastin können eine erhöhte Verspannung sehr wohl ertasten oder einen gestörten Bewegungsablauf beobachten; aber das ist natürlich ein anderer Befund als ein erhöhter Laborwert oder ein verändertes Blutbild.

»Psychosomatische Erkrankung« bedeutet aber umgekehrt auch nicht, daß die Beschwerden in jedem Fall wieder von selbst verschwinden. Hinweise, wie »Stellen Sie sich nicht so an«, »... Reißen Sie sich doch zusammen!«, »... Das vergeht schon wieder«, werden als wenig hilfreich erlebt und sind dem Beschwerdedruck nicht angemessen. Oft werden psychosomatische Störungen auch als Schwäche der Persönlichkeit mißgedeutet, was nicht der Fall ist.

Welche Behandlungsmöglichkeiten gibt es? Da somatoforme Störungen und funktionelle Krankheitsbilder keine einheitliche Krankheitsform bilden, gibt es natürlich auch kein Therapieschema, das für alle Patienten in gleicher Form anwendbar wäre.

Während sich z.B. eine Blinddarmentzündung durch eine Operation oder ein Knochenbruch (zumindest in günstigen Fällen) durch einen Gipsverband in absehbarer Zeit heilen läßt, ist bei den Krankheitsbildern, die Thema dieses Buches sind, häufig eine kombinierte Therapie notwendig – ebenso wie Geduld bei Arzt und Patient.

Körperbezogene Redewendungen (nach Hansen u. Vogeler, 1981)

Symptome, die anstelle von Gefühlen auftreten (Affektäquivalente)	Körpermotorische Erscheinungen	Körperteile und Körpervorgänge im übertragenen Sinne
Etwas bereitet mir Kopfschmerzen	Kopf hoch!	Etwas auf die eigene Kappe nehmen
Etwas steigt mir zu Kopfe	Den Kopf (nicht) hängen lassen	Mir fällt die Decke auf den Kopf
Da bleibt kein Auge trocken	Jemandem die Stirn bieten	Mir raucht der Kopf
Etwas treibt mir die Tränen in die Augen	Seinen Kopf hinhalten	Sand in die Augen streuen
Verschnupft sein	Umsichtig sein	Etwas ist mir ein Dorn im Auge
Jemanden nicht riechen können	Große Augen machen	Viel um die Ohren haben
Etwas schmeckt mir nicht	Gute Miene zum bösen Spiel machen	Jemandem in den Ohren liegen
Mein Hals ist wie zugeschnürt	Die Nase rümpfen	Auf einem Ohr taub sein
Etwas bleibt mir im Hals stecken	Mund und Nase aufsperren	Einen guten Riecher haben
Frosch im Hals, Kloß im Hals	Ein langes Gesicht machen	Die Nase voll haben

Symptome, die anstelle von Gefühlen auftreten (Affektäquivalente)	Körpermotorische Erscheinungen	Körperteile und Körpervorgänge im übertragenen Sinne
Mit Hängen und Würgen	Die Zähne zusammenbeißen	Sich den Mund verbrennen
Das Herz schlägt mir bis zum Hals	Verkniffener Mund	Jemandem über den Mund fahren
Da bleibt mir die Spucke weg	Verbissen sein; sich durchbeißen	(K)ein Blatt vor den Mund nehmen
Mir bleibt das Herz stehen	Die Zunge im Zaum halten	Jemandem auf den Zahn fühlen
Etwas drückt mir das Herz ab	Halsstarrig, hartnäckig	Sich etwas aufhalsen
Mich trifft der Schlag	Einen steifen Nacken haben	Etwas hängt mir zum Hals heraus
Atemberaubend, atembeklemmend	Verantwortung auf den Schultern tragen	Nackenschläge
Es verschlägt mir den Atem, die Sprache	Jemandem die kalte Schulter zeigen	Schwach auf der Brust sein
Da bleibt mir die Luft weg	Sich auf etwas versteifen	Einen langen Atem haben
Vor Angst in die Hose machen	Rückgrat haben	Seinem Ärger Luft machen
Wut im Bauch haben	Halt dich gerade, steif, senkrecht!	Sein Herz verlieren, verschenken
Etwas zum Kotzen finden	Vom Schicksal gebeugt, geknickt sein	Mit gebrochenem Herzen
Etwas erstmal verdauen müssen	Niedergeschlagen sein	Sein Herz ausschütten
Sauer sein, stänkern	Sich den Bauch vor Lachen halten	Jemandem das Rückgrat brechen

Symptome, die anstelle von Gefühlen auftreten (Affektäquivalente)	Körpermotorische Erscheinungen	Körperteile und Körpervorgänge im übertragenen Sinne
Mit geht etwas an die Nieren	Sich in die Brust werfen	Sich ein Loch in den Bauch ärgern
Mir läuft die Galle über	Mit Stolz geschwellter Brust	Frisch von der Leber weg
Gift und Galle spucken	Halt an dich!	Mir ist eine Laus über die Leber gelaufen
Da sträuben sich mir die Haare	Reiß dich zusammen!	Auf glühenden Kohlen sitzen
Mir juckt das Fell (der Pelz)	Von seinen Ellbogen Gebrauch machen	Etwas geht mir unter die Haut
Etwas geht mir gegen den Strich	Mit geballten Fäusten	Aus der Haut fahren
Ich fühle mich nicht wohl in meiner Haut	Etwas im Griff haben	Mit heiler Haut davonkommen
Blaß vor Neid, rot vor Wut	Sich durchsetzen	Jemandem unter die Arme greifen
Blei in den Gliedern haben	Die Arschbacken zusammenkneifen	Seine Hände in Unschuld waschen
Kalte Füße bekommen	Einen guten Stand haben, gut dastehen	Jemanden mit Samthandschuhen anfassen
Mir schlottern die Knie	Für etwas gerade stehen	Jemandem auf die Finger schauen
Etwas geht mir durch Mark und Bein	Auf wackligen Füßen stehen	Auf großem Fuße leben
Blut und Wasser schwitzen	Von einem Fuß auf den anderen treten	Jemandem die Füße küssen
	Jemandem zu nahe treten	Auf eigenen Füßen stehen

Die Bedeutung der hausärztlichen Abklärung von Beschwerden

In der Regel wird der Arzt beim akuten Auftreten der Beschwerden in etwa 80 % der Fälle bereits anhand der Anamnese, also der Krankengeschichte, und dem symptombezogenen körperlichen Untersuchungsbefund eine Vielzahl von Diagnosen mit einer geringen Fehlerwahrscheinlichkeit stellen können. Zum Untersuchungsbefund zieht er einige mit wenig Aufwand zu erstellende Befunde hinzu, z.b. eine orientierende Laboruntersuchung, ein Elektrokardiogramm, eine Röntgenaufnahme des Brustkorbes und eine Ultraschalluntersuchung des Bauchraumes.

Das Prinzip, das ein Mediziner anwendet, ist die sogenannte Ausschlußdiagnostik, d.h., es wird Hinweisen auf besonders bedrohliche Erkrankungen wie z.b. Krebserkrankungen intensiv nachgegangen, um deren Vorhandensein mit einer möglichst großen Sicherheit, die etwa bei 99 % liegt, auszuschließen. In der Medizin kann man allerdings nie »Nie« sagen, ein gewisses Restrisiko besteht immer, was nicht bedeutet, daß die durchgeführten Untersuchungen in kurzfristigen Abständen wiederholt werden müssen. Gerade hier liegt die Stärke des Hausarztes, der durch engen Kontakt zum Patienten den Verlauf der Symptome beobachten kann. Untersuchungen zu bisher unauffälligen Befunden können zum richtigen Zeitpunkt wiederholt und gegebenenfalls weitergehende diagnostische Schritte eingeleitet werden.

Somatoforme Störungen – eine »unglückliche« Diagnose?

So wie weiten Teilen der Bevölkerung ist sicher auch manchen Ärzten das Konzept der somatoformen Störungen nicht ausreichend bekannt. Aber auch weitere Faktoren können eine Rolle spielen:

- Die Krankheiten, um die es hier geht, sind nicht direkt apparativ zu diagnostizieren, wie etwa ein Beinbruch im Röntgenbild.
- Im Rahmen des augenblicklich gültigen Abrechnungsverfahrens wird die notwendige biographische Diagnostik und Behandlung durch Gespräche noch relativ gering vergütet.

- Die Erkrankungen haben eine geringe gesellschaftliche Akzeptanz, anders als »konkretere« Diagnosen wie z.B. ein Herzinfarkt.
- Auch für den Arzt ist die Behandlung einer somatoformen Störung nicht einfach, es ist nicht mit dem Ausstellen eines Rezeptes oder dem Durchführen einer Operation getan.
- Manche Ärzte haben den Anspruch, in jedem Fall eine Krankheit, also einen Fehler zu finden; sie können sich nicht mit der Mitteilung »kein Befund« = »kein Rezept/kein Eingriff« zufrieden geben und haben möglicherweise selbst Versagensängste.

Können die Symptome »von selbst« wieder aufhören?

Wissenschaftliche Untersuchungen und längerfristige Beobachtung von Patienten mit somatoformen Störungen zeigen, daß viele Patienten auch ohne besondere Behandlung wieder gesund werden. Glücklicherweise verfügen sowohl Körper als auch Seele über Selbstheilungs- und Regenerationsfähigkeiten. Auch können in einer bestimmten Lebensphase bestehende Streß- und Belastungssituationen im Laufe der Zeit schwächer werden oder ganz aufhören, so daß eine Möglichkeit zur Erholung besteht. Was kann man nun tun, um diese Möglichkeit zur Selbstheilung zu beschleunigen oder zu verstärken?

Die Bedeutung der Arzt-Patient-Beziehung

Eine entscheidende Bedeutung kommt dem Hausarzt zu, der ja der erste Ansprechpartner des Patienten sein sollte. Wichtig ist hier, daß »die Beziehung stimmt«, d.h., daß man sich bei seinem Hausarzt gut aufgehoben und ernstgenommen fühlt. Hierzu gehört zwar, daß dieser sich Zeit für ein Gespräch nimmt, jedoch nicht unbedingt, daß er immer wieder Überweisungsscheine für neue Untersuchungen ausstellt. Bedenken Sie, daß es für den Hausarzt häufig einfacher ist, schnell einen Überweisungsschein für eine Untersuchung auszufüllen, als in einem ausführlichen Gespräch zu begründen, warum er diese Untersuchung für überflüssig oder möglicherweise aufgrund von Komplikationen sogar für schädlich hält.

Von manchen Patienten wird die Kompetenz des Arztes daran gemessen, ob ein Medikament (»die Wunderpille«) rezeptiert, noch eine neue Untersuchungsmethode eingesetzt oder ein handfestes Ergebnis erzielt wird, z.b. abweichende Laborwerte. Minimalbefunde, also Abweichungen, die eigentlich keinen Krankheitswert haben, sind sehr häufig, werden aber von vielen Patienten in Ermangelung der eigentlichen Diagnose »somatoforme Störung« überinterpretiert, da das Wissen über diese Form von Erkrankungen in der Bevölkerung oft völlig fehlt, und diese Störungen nicht als Krankheiten, sondern als Schwäche eingeordnet werden.

Information ist ein Teil der Behandlung

Es ist bereits eine Entlastung, über die eigenen Befunde und Untersuchungsergebnisse genau Bescheid zu wissen. Als nächster Schritt kann dann gemeinsam mit dem Hausarzt erarbeitet werden, welches der oben dargestellten Modelle für die Entstehung der eigenen Beschwerden herangezogen werden könnte. In der Folge kann dann gemeinsam mit dem Hausarzt überlegt werden, welche der folgenden aufgeführten Maßnahmen zur Linderung der Beschwerden bzw. zur Heilung geeignet sein könnten.

Das Erlernen eines Entspannungsverfahrens

Das Autogene Training, die Muskelentspannung nach Jacobson und andere Entspannungsverfahren haben sich bei einer sehr großen Anzahl von Patienten bewährt – sowohl bei chronischen Schmerzen als auch bei funktionellen Magen-, Darm- oder Herzkreislauf-Erkrankungen. Das Erlernen eines Entspannungsverfahrens macht zwar etwas mehr Mühe als das Einnehmen einer Tablette, dafür hat man hier jedoch die Möglichkeit, gestörte Funktionsabläufe zu regulieren, ohne mit Risiken oder Nebenwirkungen rechnen zu müssen.

Die Physiotherapie/die Körpertherapie

Wenn das Erlernen eines Entspannungsverfahrens nicht ausreicht, kann möglicherweise eine gezielte physiotherapeutische oder körpertherapeutische Behandlung helfen. Bei einem Teil der chronischen Schmerzpatienten ist schonende, gezielte Krankengymnastik sinnvoll, manchmal sogar ein wohl dosiertes Muskelaufbautraining, da nicht immer Verspannung, sondern häufig auch in Folge längerer Schonung eine Erschlaffung der Muskulatur Ursache der Beschwerden sein kann. Auch spezielle körpertherapeutische Methoden, wie die Funktionelle Entspannung nach Marianne Fuchs oder die Feldenkrais-Methode, sind geeignet, um wieder zu einem gesunden Gleichgewicht zu kommen. In den letzten Jahren ist es der medizinischen Forschung nicht nur zunehmend gelungen, die Erfolge dieser Behandlungsmethoden bei einer größeren Anzahl von Patienten zu belegen, sondern auch deren Wirkungsweise genauer zu verstehen.

Die Psychotherapie

Sollten Streßsituationen auftreten, die man nicht ohne weiteres selbst auflösen kann oder die seelische Beschwerden hervorrufen, kann es sinnvoll sein, psychotherapeutische Hilfe in Anspruch zu nehmen. Dies bedeutet jedoch nicht automatisch, daß man sich für Jahre »auf die Couch« legen muß. Die große Mehrzahl der in Deutschland durchgeführten Psychotherapien dauert heute zehn bis zwanzig Stunden. Zur Entschärfung einer familiären Konfliktsituation sind häufig nur drei bis fünf familientherapeutische Sitzungen nötig. Zur Streß-, Angst- oder Schmerzbewältigung wurden verhaltenstherapeutische Programme von zehn bis zwölf Stunden Dauer entwickelt, für die eine gute Wirksamkeit belegt werden konnte. Die Behandlungen können als Einzel- und/oder Gruppentherapie durchgeführt werden. Im Einzelfall kann das eine oder das andere Vorgehen sinnvoll sein.

Manchmal ist es sinnvoll, eine solche Therapie mit einem Ortswechsel zu verbinden, da so »Teufelskreise« besser durchbrochen und eine zusätzliche Entlastung für Patienten erreicht werden kann. Der Hausarzt empfiehlt dann eine stationäre Behandlung in einer psychosomatischen Klinik oder Rehabilitationsklinik.

Was bedeutet »Die Beschwerden sind psychisch«?

Krankheitsbegriffe sind in der medizinischen Wissenschaft und in der Kommunikation zwischen den Ärzten unverzichtbar. Die Ärzte suchen nach Regelhaftigkeiten von definierten Krankheiten, beschreiben deren Verläufe und leiten daraus schließlich ein rationales, ärztliches Handeln ab. So bedeutet: »Hans hat einen grippalen Infekt«, daß wesentliche Informationen über Ursache, Diagnose, Therapie, Krankheitsverlauf und mögliche Komplikationen festgelegt sind. Bei jeder Krankheit, selbst beim Erleben und Verarbeiten eines grippalen Infekts, spielt jedoch die Individualität des Menschen eine große Rolle. Noch stärker ist dies bei chronischen Erkrankungen der Fall, die über Monate oder gar Jahre anhalten und in ihrer Ausprägung und Verarbeitung entscheidend durch die Persönlichkeit des Kranken beeinflußt sind.

Ein immer wieder im Zusammenhang mit der Persönlichkeit auftauchender Begriff ist der des »neurotischen Verhaltens«.

Als neurotisch wird eine Verhaltensauffälligkeit und ein Erleben bezeichnet, welches für den Arzt als überwiegend umwelt- und erlebnisbedingte Störung deutbar ist. Die pathologische Abweichung von einer Norm ist Definitionssache. Niemand soll durch eine solche Zuordnung stigmatisiert werden. Sie dient dazu, den Patienten zu entlasten und ist in der Regel durch die Ausprägung bestimmt.

»Bin ich neurotisch?«

Prüfungsangst kennt wohl jeder. Aber auch die pathologische und als krankhaft erlebte Angst, die *Panik*, ist im Menschen angelegt. Jeder Zweite hat im Laufe seines Lebens Erfahrung mit derartig extremen Angstzuständen.

Ebenso sind sorgenvolle Gedanken zunächst als wichtig und normal anzusehen. Eine Mutter sorgt sich beispielsweise um ihr asthmakrankes Kind. Es ist schwierig zu entscheiden, wann die

Überfürsorge angesichts lebensbedrohlicher Asthmaanfälle in der Nacht beginnt.

»Neurotisch« hat in der Umgangssprache leider oft einen negativ wertenden Beiklang und wird verknüpft mit Begriffen wie »Entwicklungsstörung«, »Schwäche«, »abnorm«.

● Tatsächlich ist neurotisches Verhalten häufig assoziiert mit einer erhöhten Verletzlichkeit in seelischen Bereichen. Diese Sensibilität kann einen Menschen einschränken, aber sie macht ihn auch empfindsam für die Umwelt und seine Mitmenschen, und sie kann Grundlage einer ausgeprägten Kreativität sein.

Als Hintergrund einer solchen Verletzlichkeit findet man in der Regel Traumata und Konflikte in der Kindheit, die Ohnmachtserlebnisse ausgelöst haben und schwer zu verarbeiten sind: Das vom Vater geschlagene, als Versagerin bezeichnete und ungeliebte Mädchen hat später als Frau Selbstwertprobleme und kann spezielle Schwierigkeiten im Umgang mit Männern haben. Die beobachtete gehemmte Zurückhaltung dieser Frau ist also der Versuch, zu verhindern, daß sich das Trauma wiederholt.

Als häufigstes Signal für eine Bedrohung kann die *Angst* angesehen werden. Hierunter fällt auch die gesteigerte Erregbarkeit, eine ängstliche, meist negative Erwartung, verbunden mit Versagens- und Unwertgefühlen (weitere Informationen zur Angst siehe Seite 30).

Im Hintergrund stellen wir meist einen – in der Regel ebenfalls in der Kindheit – erlebten Verlust an Vertrauen in die Menschen fest, der zu einer negativen Haltung gegenüber Nähe und Kontakten führt. Als Folge dieses Verlusterlebnisses können wir dann Verhaltensweisen beobachten, wie

● die Konzentration auf Aufgaben und Tätigkeiten (das Funktionieren-Müssen),
● das Sich-Distanzieren von anderen Menschen durch das Ausleben innerer Impulse wie zwanghaftem Verhalten oder unkontrollierter Gefühle,
● die emotionale »Selbstversorgung«. Diese Menschen scheinen völlig unabhängig zu sein von der Zuwendung anderer; das reicht bis zur kompletten Abkapselung.

Seelisches Erleben – körperliche Empfindung am Beispiel der Angst

Daß seelische Vorgänge das körperliche Erleben beeinflussen können, ist schon sehr lange bekannt. Oft sind solche Zusammenhänge aber für den Patienten selbst nicht akzeptabel, auch wenn er sie bei anderen gut wahrnehmen kann.

Sigmund Freud beschrieb 1895 folgende Symptomenkomplexe, die dann von ihm als »Angstneurose« zusammengefaßt wurden. Heutzutage werden diese seelischen und zum Teil körperlichen Symptome unterschiedlichen Krankheitsbildern zugeordnet, wie wir zum Teil ja schon gesehen haben. Diese Krankheitsbilder können gleichzeitig auftreten, wie etwa eine Angsterkrankung und eine somatoforme Störung. Deshalb sollen hier auch die Angst als Symptom und die Begriffe, die damit in Verbindung stehen, etwas ausführlicher erläutert werden.

Freud unterscheidet folgende Formen:

Allgemeine Reizbarkeit   Die Unfähigkeit, Reize von innen oder außen zu ertragen, die über ein gewisses Maß hinausgehen, z.B. Überempfindlichkeit gegen Licht oder Geräusche.

Ängstliche Erwartung   Sie umfaßt all das, was man mit Ängstlichkeit und Neigung zu pessimistischer Auffassung der Dinge bezeichnet, geht aber über eine verständliche, nachvollziehbare Ängstlichkeit hinaus. Die Ängstlichkeit kann die eigene Gesundheit betreffen (*Hypochondrie*) oder eine Neigung, Skrupel zu haben oder pedantische Züge zu zeigen (Gewissensangst), die sich unter Umständen zur Zweifelsucht steigert.

»Frei flottierende Angst«   Unterschiedlichste Vorstellungen können praktisch jederzeit und ohne Vorzeichen mit Angstgefühlen verbunden werden.

Angstanfall   Er entsteht, wenn diese latente, aber konstant lauernde Ängstlichkeit plötzlich ins Bewußtsein gerät. Der Angstanfall kann mit körperbezogenen Mißempfindungen und/oder Störungen der Körperfunktion einhergehen.

Phobien Eine chronische Ängstlichkeit geht der Bildung von Phobien voraus. Auf Gegenstände oder Situationen bezogene Furcht (im Gegensatz zur ungerichteteren Angst) tritt nur auf, wenn der Betroffene an diese Dinge oder diese Situation denkt bzw. sich in diese begibt. Sie kann bedingt sein durch physiologische Bedrohung (Schlangen, Gewitter, Dunkelheit, Ungeziefer) oder angstauslösende Situationen (enge Räume, Höhen, öffentliche Plätze). Sie kann aber auch ausgelöst werden durch Körpersymptome, die in Angstzuständen aufgetreten waren (*Herzphobie*). Daneben spricht Freud von

Angstäquivalenten Hierunter versteht man funktionelle Körperstörungen, die Patienten anstelle von bewußten Angstgefühlen wahrnehmen. Sie betreffen:

- die Herztätigkeit (siehe Seite 135, 110),
- die Atmung (siehe Seite 134),
- Schweißausbrüche (siehe Seite 126),
- Zittern und Schütteln (siehe Seite 55, 148),
- Störungen der Verdauungstätigkeit (siehe Seite 129), oft verbunden mit Gefühlen von Schwäche, Unsicherheit und Hinfälligkeit, die bis zur Ohnmacht (siehe Seite 117) reichen,
- Gefühlsstörungen (siehe Seite 120) und Steigerung der Schmerzempfindlichkeit (siehe Seite 105).

Nächtliches Aufschrecken (Auch bei Erwachsenen.) Oft verbunden mit Angst, Atemnot und Schweißausbruch.

Chronifizierung und Symptomwandel Vor allem nervöser Durchfall, Schwindel und Gefühlsstörungen kommen auch chronisch vor. Chronischer Schwindel kann »durch die andauernde Empfindung großer Hinfälligkeit, Mattigkeit und dergleichen vertreten« werden, schrieb bereits Freud.

In der heutigen Zeit spricht man von Angststörungen. Begriffe wie die *Phobien* wurden übernommen, die »frei flottierende« Angst heißt nun *generalisierte Angststörung*, der Angstanfall *Panikattacke*; tritt diese öfters auf, spricht man von der *Panikstörung*. Diese verschiedenen Angststörungen können auch kombiniert und in Verbindung mit anderen psychosomatischen Erkrankungen beobachtet werden. Die Abgrenzung ist wichtig, da die Behandlung unterschiedlich ist. Läßt sich eine Angstsymptomatik abgrenzen, so ist diese durch eine geeignete Psychotherapie (meistens eine Verhaltenstherapie, siehe Seite 164) und eventuell auch medikamentöse Behandlung in den Griff zu bekommen.

Körperliche Krankheit ohne Befund (Somatisierungsstörung)

Bei der Mehrzahl der Menschen treten im Laufe des Lebens immer wieder körperliche Beschwerden auf, für die sich keine organische Ursache finden läßt. Meist verschwinden diese jedoch wieder, ohne daß zuvor eine Arzt aufgesucht wurde. Bei einem Teil der Betroffenen entwickelt sich hieraus jedoch eine chronische Krankheit. Diese Menschen leiden über Jahre hinweg immer wieder unter verschiedenen körperlichen Beschwerden. Obwohl sie deswegen häufig Ärzte aufsuchen, läßt sich auch bei wiederholten, gründlich durchgeführten Untersuchungen keine organische Ursache für die Beschwerden erkennen. Einige Patienten weisen zwar Auffälligkeiten bei den Untersuchungen auf, diese sind jedoch zu schwach ausgeprägt, um das Ausmaß der Beschwerden erklären zu können. Manchmal ist ein »krankhafter« Untersuchungsbefund auch nur ein Zufallsbefund, der gar nichts mit den Beschwerden des Patienten zu tun hat. So kann z.B. ein Bandscheibenvorfall nur im Bereich derjenigen Nerven Schmerzen bereiten, auf die er drückt. Ein nach rechts gehender Bandscheibenvorfall kann deshalb im allgemeinen nicht für Schmerzen auf der linken Seite verantwortlich sein, und ein Bandscheibenvorfall im Bereich der oberen Lendenwirbelsäule hat sicher nichts mit ischiasähnlichen Beschwerden eines Patienten zu tun. Eine Operation würde also hier den Patienten nur unnötig belasten.

Wer erkrankt an einer Somatisierungsstörung, und mit welchem Verlauf ist zu rechnen?

Die Somatisierungsstörung ist keine seltene Erkrankung. Etwa 1% der Bevölkerung leiden darunter. Frauen sind zehnmal so häufig betroffen wie Männer. Weibliche Nachkommen von Patienten mit einer Somatisierungsstörung haben ein dreimal höheres Risiko zu erkranken als andere Frauen. Dies heißt jedoch nicht, daß es sich hierbei um eine Erbkrankheit handeln muß, vielmehr könnte auch über die Erziehung oder die Modellfunktion, die Eltern für Kinder haben, ein ungünstiger Umgang mit dem eigenen Körper und den eigenen Gefühlen weitergegeben worden sein.

Es bestehen auch kulturelle Unterschiede. So zeigt eine amerikanische Studie, daß schwarze Amerikaner viermal häufiger erkranken als weiße. Insgesamt sind Menschen, die es gewohnt sind, ihre Gedanken und ihre Gefühle sprachlich auszudrücken, weniger anfällig für diese Krankheiten. Eine Somatisierungsstörung findet sich zumeist bei Menschen, die Opfer einer Traumatisierung waren, z.B. durch Naturkatastrophen, durch schweren oder wiederholten sexuellen Mißbrauch oder durch eine von Gewalt und Vernachlässigung geprägte Kindheit. Ein Teil der Patienten mit Somatisierungsstörung leidet als Folge hiervon auch unter anderen psychischen Beschwerden, wie z.B. Ängsten oder Depressionen.

In einer weiteren Untersuchung zeigte sich, daß Verwitwete häufiger erkranken als Geschiedene oder getrennt Lebende; Verheiratete waren am seltensten betroffen. Dies spricht dafür, daß das Erleben einer tödlichen Erkrankung im Verwandtenkreis als ein Risikofaktor ernstgenommen werden muß.

Die Beschwerden beginnen schon im frühen Lebensalter, bei über der Hälfte der Betroffenen vor dem 16. Lebensjahr.

Leider bildet sich die Erkrankung nur bei einem kleineren Teil der Patienten (maximal ein Drittel) von selbst wieder zurück. Bei den meisten Patienten verläuft die Erkrankung über viele Jahre in wechselhafter Ausprägung. Das heißt, daß die Beschwerden in längeren Zeiträumen (Monate und Jahre) stärker und wieder schwächer werden. Dies stellt für die Betroffenen eine schwere Beeinträchtigung ihrer Lebensqualität dar.

Welche Folgen kann eine Somatisierungsstörung haben?

Eine voll ausgeprägte Somatisierungsstörung ist eine ernstzunehmende, chronisch verlaufende Krankheit, welche die Lebensqualität der Betroffenen immens beeinträchtigt. Allerdings ist sie nicht mit einer erhöhten Mortalität verbunden, d.h., es besteht kein höheres Risiko, daran zu sterben (natürlich schützt eine Somatisierungsstörung nicht davor, zusätzlich noch eine körperliche Erkrankung zu bekommen; diese tritt jedoch nicht häufiger auf als bei der allgemeinen Bevölkerung). Da das Bedürfnis vorhanden ist, die Ursachen der Erkrankung zu klären und Hilfe zu bekommen, suchen die Betroffenen immer wieder ärztliche Hilfe auf und unterziehen sich wiederholt auch aufwendigen und belastenden Untersuchungs- oder Therapiemethoden. Es ist für die Erkrankung typisch, daß ein unauffälliger Untersuchungsbefund nur kurzfristig (meist nur für einige Wochen) Besserung bringt. Auch operative Eingriffe oder medikamentöse Behandlungsversuche können kurzfristig zu einem Verschwinden oder einer Besserung der Beschwerden führen. Dies führt leider häufig dazu, daß Patient und Arzt in ihrer Überzeugung bestärkt werden, daß letztlich doch eine noch nicht gefundene körperliche Erkrankung Ursache der Beschwerden ist und die Heilung weiter auf diesem langfristig erfolglosen Weg versucht wird. Man könnte nun sagen, daß dies immer noch besser sei, als gar nichts zu tun, doch die Wirklichkeit sieht häufig leider anders aus. Medizinische Eingriffe, sowohl diagnostische (Untersuchungen) als auch therapeutische (Behandlungen), haben Nebenwirkungen und Folgekomplikationen. Diese treten zwar in der Regel sehr selten auf, doch wenn bei einem Patienten die gleiche Untersuchung immer wieder gemacht wird, erhöht sich das Risiko, daß eine Komplikation eintritt.

Somatisierungsstörung, chronische Cholangitis (Gallenwegsentzündung)

Frau A., eine 36jährige Patientin, litt seit ihrem 20. Lebensjahr immer wieder unter teilweise krampfartigen Oberbauchschmerzen. Als Ursache wurde eine Gallenkolik vermutet und daraufhin eine Spiegelung der Gallengänge durchgeführt. Hierbei wurde wie auch bei einer Magenspiegelung zunächst ein Endoskop (Glasfaserkabel, mit dem der Arzt in Körperhöhlen hineinschauen kann) in den Zwölffingerdarm eingeführt. Von dort aus wurde dann mittels einer kleinen Sonde der Gang dargestellt, über den die Gallenflüssigkeit und der Saft der Bauchspeicheldrüse in den Zwölffingerdarm geleitet werden. Das Untersuchungsergebnis war unauffällig.

In den folgenden Jahren suchte die Patientin nun »immer kompetentere« Spezialisten, zuletzt Fachabteilungen in Universitätskliniken auf, um die Ursache für ihre Beschwerden zu finden. Dort wurde die gleiche Untersuchung noch zweimal durchgeführt, einmal mit der Hintergedanken, die Kollegen könnten zuvor etwas übersehen haben, und dann erneut nach einem Jahr, um nachzukontrollieren, denn es hätte sich inzwischen ja etwas verändert haben können. Wiederum waren die Untersuchungsergebnisse unauffällig. Weitere Wiederholungen der Untersuchung wurden trotz Drängen der Patientin zunächst abgelehnt.

Aus ihrer Angst heraus suchte die Patientin nun andere Spezialisten auf und sagte ihnen nichts mehr von den zuvor durchgeführten Untersuchungen. Sie wollte hiermit eine erneute Untersuchung erreichen.

So wurde bei dieser Patientin insgesamt zehnmal eine Sonde in die Gallen- und Bauspeicheldrüsengänge eingeführt. Dieser Eingriff beschädigt jedoch das körpereigene Schutzsystem gegen das Eindringen von Darmbakterien in diese Gänge. Dieses Schutzsystem beruht darauf, daß die Bewegung nur in Richtung Darm und nicht umgekehrt läuft. Durch das wiederholte Einführen der Sonde wurde die Mündungsstelle des Ganges in den

Darm erweitert und schließlich wurden Bakterien in die Gallenwege verschleppt. Es kam zu einer chronischen Entzündung. Bei dieser Patientin kam es also schließlich zu einer körperlichen Erkrankung als Folge der wiederholt durchgeführten Untersuchungen.

Dieses Beispiel zeigt, daß man als Patient Opfer seines eigenen Versuches, Heilung zu finden, werden kann. Diese Situation läßt sich mit einem Menschen vergleichen, der immer neue Versicherungen abschließt, in der Hoffnung, jedes mögliche Risiko wenigstens auf der materiellen Ebene abzusichern. Möglicherweise wird er in ernste finanzielle Schwierigkeiten geraten, da er seine Versicherungsprämien nicht mehr bezahlen kann.

Eine weitere Komplikationsmöglichkeit stellt die Abhängigkeit von Medikamenten oder auch von Alkohol dar. Alkohol wirkt sowohl angst- als auch schmerzlindernd, so daß die Versuchung für Patienten mit einer somatoformen Störung groß ist, sich hiermit »selbst zu behandeln«.

Da die Betroffenen viel Kraft investieren, um die Beschwerden zu erklären und zu behandeln und sich durch die Beschwerden selbst ebenfalls beeinträchtigt fühlen, fehlt die aufgewendete Energie möglicherweise an anderer wichtiger Stelle. Die Folgen könnten dann in beruflichen Problemen, Schwierigkeiten in der Partnerschaft oder einer Verarmung des Lebens durch Aufgabe sozialer Kontakte und Hobbys liegen.

Fallbeispiel

Somatisierungsstörung

Frau B., eine 26jährige Hauswirtschafterin, hatte ihre Mutter bereits kurz nach ihrer Geburt infolge einer tödlich verlaufenden Lungenembolie verloren. Da der Vater oder andere Familienangehörige nicht bekannt waren, wurde sie zur Adoption freigegeben. Die Adoptiveltern hatten eine kleine Firma, die landwirtschaftliche Produkte verpackte und vermarktete. Das Familienleben war (neben dem Geschäft) stets zweitrangig. Den Ton zu

Hause gab die Mutter an, deren Familie das Geschäft einst gegründet hatte. Der Vater war eher still und zurückhaltend. Erste Symptome, wie Bauchschmerzen, Übelkeit und Stuhlunregelmäßigkeit traten ebenso wie Schwindelgefühle bereits in den ersten Jahren der Kindheit auf. In der Pubertät kamen Herzklopfen und plötzliche Ohnmachten hinzu. Diese wurden zunächst als epileptische Anfälle gedeutet; bei einer ausführlichen Untersuchung zeigte sich hierfür jedoch kein Anhalt. Im Alter von 20 Jahren bemerkte Frau B. zusätzlich häufig auftretendes, starkes Schwitzen sowie die Unverträglichkeit verschiedener Speisen, ohne daß eine Allergie vorgelegen hätte. Frau B. suchte wegen ihrer Beschwerden eine Vielzahl von Ärzten auf. Es kam zu zahlreichen medikamentösen Behandlungsversuchen, bei denen Beruhigungsmittel und antidepressive Medikamente zum Einsatz kamen, ohne daß dies eine Besserung gebracht hätte. Schließlich wurde eine stationäre psychosomatisch/psychotherapeutische Behandlung empfohlen.

Verlauf und Therapie

Bei der Besprechung der Lebensgeschichte kam heraus, daß es in der dörflichen Gemeinschaft bereits im Kindesalter zu sexuellen Spielen gekommen war, für die sich die Patientin sehr schämte. Eine Zunahme der Beschwerden war dann im Zusammenhang mit der ersten Freundschaft zu einem jungen Mann und dann später mit der Eheschließung zu beobachten.

Bereits als Schulkind hatte die Patientin erlebt, daß das Auftreten von körperlichen Beschwerden zur Entlastung von den zahlreichen Verpflichtungen im Familiengeschäft führte. Außerdem war Krankheit nahezu die einzige Chance, liebevolle Zuwendung durch die Adoptivmutter zu erhalten. Ein ähnliches Verhalten zeigte später der junge Ehemann, der sich besonders um seine Frau kümmerte, wenn es dieser »nicht gut ging«.

Die Patientin begann nun, ihre eigenen Bedürfnisse vermehrt wahrzunehmen, konnte diese auch in der Familie zum Ausdruck bringen und war letztlich überrascht, daß ihre Wünsche von den Angehörigen akzeptiert und berücksichtigt wurden. Die Symptomatik bildete sich deutlich zurück.

Weichteilrheumatismus (Fibromyalgiesyndrom)

Als besondere Untergruppe der somatoformen Störungen möchten wir hier das Fibromyalgiesyndrom erwähnen, das in Deutschland auch unter der Bezeichnung Weichteilrheumatismus bekannt ist. Die Erkrankung betrifft vorwiegend Frauen und beginnt erfahrungsgemäß nach dem 35. Lebensjahr. Am Anfang treten zunächst auf einzelne Körperteile begrenzte Schmerzen auf, die sich bei Kälte, Nässe, Witterungsumschwüngen oder auch bei Schlafstörungen und in Streßsituationen verstärken. Im Lauf der Jahre weiten sich die Schmerzgebiete aus, es kann zu Steifheitsgefühlen oder ähnlichen Mißempfindungen kommen. Häufig verändern sich die Beschwerden durch Angst, Streß oder körperliche Aktivität. Viele Betroffene klagen über eine allgemein erhöhte Ermüdbarkeit sowie über geschwollene Gelenke. Häufig kommen chronische Kopfschmerzen, Schlafstörungen oder Bauchbeschwerden hinzu.

● Die Diagnose Fibromyalgiesyndrom darf nur gestellt werden, wenn Rheuma oder eine ähnliche Erkrankung ausgeschlossen werden konnten. Dies ist durch eine gründliche körperliche Untersuchung, Röntgendiagnostik und insbesondere durch Laboruntersuchungen in der Regel problemlos möglich. Hieraus ergibt sich, daß die deutsche Bezeichnung »Weichteilrheumatismus« für die Patienten sehr irreführend ist, da sie bei ihnen die Befürchtung auslöst, an einer Art von Rheuma zu leiden. Dies ist jedoch nicht zutreffend. Deshalb ist von bei Rheumakranken bewährten Medikamenten auch keine Besserung zu erwarten.

Fallbeispiel

Fibromyalgiesyndrom

Frau C., 39 Jahre alt, verheiratet und Hausfrau, litt seit über sieben Jahren unter Schmerzen in wechselnder Ausprägung, die vor allem im Bereich der Schultern, der Lende, aber auch unterhalb beider Knie und im Bereich des Nackens sowie an den Ellenbogen auftraten. Eigentlich waren sowohl die Innen- als auch die Außenseiten aller Gelenke ab und zu betroffen. Daneben bestanden seit Jahren chronische Schlafstörungen. Es fiel der Patientin immer schwerer, die notwendigen Hausarbeiten und die Erziehung ihrer beiden Kinder zu bewältigen. Auch die Arbeit in der Nebenerwerbs-Landwirtschaft der Familie belastete sie zunehmend. Sie hatte bereits eine Vielzahl von medikamentösen Behandlungen hinter sich gebracht und schon verschiedenste Ärzte aufgesucht, ohne daß es zu einem befriedigenden Erfolg gekommen war. Die Patientin wurde dann von ihrem Hausarzt zu einer erneuten Abklärung in die Orthopädische Klinik einer Universität überwiesen. Diese stellte Frau B. schließlich konsiliarisch in der Psychosomatischen Ambulanz vor.

Verlauf und Therapie

Die Lebensgeschichte von Frau C. war gekennzeichnet durch den frühen Verlust der Mutter, die an einer Tumorerkrankung verstorben war. Deshalb mußte sich Frau C. bereits in ihrer Kindheit vermehrt für ihre jüngeren Geschwister einsetzen und diese beaufsichtigen. Sie heiratete früh und zog auf den Bauernhof des Ehemannes. Sie hatte deshalb Schuldgefühle, die Geschwister und den Vater im Stich gelassen zu haben. Der Bauernhof ihrer Eltern war dann an ihren jüngeren Bruder vererbt worden, sie selbst ging leer aus, was möglicherweise eine zusätzliche Enttäuschung bedingte. Dies geschah unmittelbar vor der letzten Zunahme der Beschwerden. Zusätzlich wurde die Lebenssituation von Frau C. dadurch erschwert, daß der Ehemann genau zu diesem Zeitpunkt seinen Arbeitsplatz verloren hatte und die Familie vor finanziellen Problemen stand.

In der Behandlung entdeckte die Patientin, daß sie trotz aller Widrigkeiten auf ihre Lebensleistung stolz sein konnte, und daß es keinen Grund dafür gab, an Schuldgefühlen zu leiden. Ihr gestärktes Selbstbewußtsein führte dazu, daß sie sich eine Aushilfstätigkeit suchen konnte, die ihr neben dem finanziellen Gewinn und dem Gefühl, nun auch etwas zum Familienunterhalt beisteuern zu können, Freude bereitete. Durch die neuen Kontakte war es ihr auch möglich, die Produkte, die die Landwirtschaft abwarf, besser zu verkaufen, was zu einer Stabilisierung der Einkommenssituation führte. Die Verbesserung der Symptomatik ließ sich durchaus auch im Zusammenhang mit der Zunahme des Selbstwertgefühles verstehen.

In ihrem Verlauf entspricht die Fibromyalgie in vielem der hier beschriebenen somatoformen Störungen. Es ist deshalb davon auszugehen, daß es sich bei der Fibromyalgie um eine vergleichbare Erkrankung handelt, die vor allem durch Schmerzen und Beschwerden im Bereich der Muskulatur und der Haut gekennzeichnet ist.

Gesundheitsbezogene Ängste (die hypochondrische Störung)

Der Begriff Hypochondrie ist problematisch, da er in der Alltagssprache häufig abfällig benutzt wird. Viele Patienten haben Angst davor, als »eingebildete Kranke« angesehen und nicht mehr ernstgenommen zu werden. Hinter dem Vorwurf der »eingebildeten Krankheit« steht der Gedanke, daß der Betroffene selbst schuld an seinem Leiden sei und sich einfach nicht mehr so viele Sorgen machen solle, dann würde schon alles wieder gut werden.

Die Wirklichkeit sieht anders aus. Sehr viele Menschen leiden im Laufe ihres Lebens irgendwann einmal oder auch wiederholt an gesundheitsbezogenen Ängsten. Häufig gibt es hierfür äußere Anlässe. So kann z.B. jemand, der gerade einen Angehörigen infolge eines Gehirntumors verloren hat oder auch nur eine entsprechende Sendung im Fernsehen verfolgt hat, schnell in Panik geraten, wenn bei ihm Kopfschmerzen auftreten. Bei den meisten Menschen verschwinden diese Ängste von selbst wieder, wenn die Symptome aufhören, oder es reicht zur Beruhigung eine einfach ärztliche Untersuchung.

Bei einem Patienten, der eine hypochondrische Störung entwickelt, ist der Verlauf jedoch ganz anders. Die Beruhigung durch den Arzt hilft nur kurzfristig, die Ängste kommen wieder. Der Betroffene gerät in einen Teufelskreis aus vermehrter Selbstbeobachtung, Angst, Anspannung und den hieraus resultierenden Symptomen. Bei der hypochondrischen Störung handelt es sich also keineswegs um ein »eingebildetes« Problem, sondern um eine ernst zu nehmende chronische Erkrankung, welche die Lebensqualität des betroffenen Menschen schwer beeinträchtigt, für die es jedoch inzwischen gute Behandlungsmöglichkeiten gibt.

Damit die Diagnose eindeutig gestellt werden kann, muß der Betroffene über mindestens 6 Monate unter der Befürchtung leiden, unter einer oder maximal zwei Erkrankungen zu leiden. Die entsprechenden medizinischen Untersuchungen ergaben keinen krankhaften Befund, führten jedoch nicht zu einer Beruhigung des Betroffenen. Treten die Beschwerden im Zusammenhang mit einer schweren Depression auf, so ist diese die Ursache für das Entstehen der Befürchtungen.

Erklärungsmodelle zur hypochondrischen Störung

Für das Entstehen einer hypochondrischen Störung wurden verschiedene Modelle entwickelt:

● Ein Modell geht davon aus, daß die Betroffenen sich als Folge der Angst, an einer ernsten Erkrankung erkrankt zu sein, verstärkt selbst beobachten. Diese eigentlich natürliche Reaktion führt nun dazu, daß körperliche Veränderungen registriert werden, die zuvor unbemerkt geblieben sind. Diese neuen Wahrnehmungen werden dann als Beweis für die Befürchtung gewertet, tatsächlich schwer krank zu sein. So ändert sich z.B. unsere Herzschlagfolge im Verlauf eines Tages sehr häufig: Wenn wir im Bett liegen oder uns ausruhen, ist der Puls langsam, wenn wir eine Treppe steigen, ist er sehr schnell. Diese Veränderungen werden normalerweise nicht wahrgenommen. Ebenso unbemerkt bleibt es, daß das Herz nicht wie eine Schweizer Uhr regelmäßig schlägt, sondern auch bei – aus medizinischer Sicht Herzgesunden – immer wieder einzelne Aussetzer »macht«, oft einige Hundert pro Tag. Wenn nun jemand, der unter der Angst leidet, eine

Herzerkrankung zu haben, seinen Herzschlag verstärkt beobachtet, so entdeckt er diese Phänomene, die ihm bisher unbekannt waren. Die Gefahr ist nun natürlich groß, daß er sie als neu aufgetretene Symptome seiner vermeintlichen Herzerkrankung bewertet.

● Das zweite Erklärungsmodell geht davon aus, daß es durch die Angst davor, erkrankt zu sein, zu ungünstigen Veränderungen des Alltagsverhaltens kommt. Der Betroffene schont sich mehr, besucht Ärzte und reduziert Aktivitäten, die normalerweise Ablenkung und Lebensfreude bedeuten. Die Folge ist ein deutlich schlechteres Lebensgefühl, was gleichermaßen als Hinweis auf eine mögliche Erkrankung fehlinterpretiert werden kann. Als Folge der körperlichen Schonung kann sich die körperliche Belastbarkeit tatsächlich verschlechtern, beispielsweise durch Trainingsmangel.

● Ein drittes Modell betont die Rolle des vegetativen Nervensystems. Die Angst davor, schwer erkrankt zu sein, führt zu einem andauernden Spannungszustand, der zu Fehlfunktionen des vegetativen Nervensystems, wie z.B. zu vermehrtem Schwitzen oder Schwindel führen kann.

Die hypochondrische Störung ist eine eher häufige Erkrankung. Untersuchungen belegen, daß möglicherweise bis zu 8% der Patienten einer Allgemeinarztpraxis darunter leiden. Diese hohe Zahl mag überraschen. Es ist jedoch zu bedenken, daß so gut wie niemand offen zugibt, daß gesundheitsbezogene Ängste sein eigentliches Problem sind. Ein Teil der Betroffenen leidet zusätzlich unter Zwängen (ständiges Kontrollieren z.B., ob man die Kaffeemaschine ausgeschaltet hat), unter einer leichten Form der Depression oder sonstigen Ängsten. Es ist damit zu rechnen, daß sich die Erkrankung bei einem Drittel der Patienten innerhalb eines Jahres von selbst zurückbildet. Die übrigen bedürfen jedoch einer besonderen, in der Regel psychotherapeutischen Behandlung, da etwa 60% der unbehandelten Patienten nach fünf Jahren immer noch unter ihrer Erkrankung litten. Hypochondrische Störungen finden sich in allen Altersgruppen.

Hypochondrische Störung

Ein 45jähriger Bankdirektor, Herr D., wurde durch die Hals-Nasen-Ohrenärztliche Abteilung einer Universität in die Psychosomatik überwiesen. Er hatte seit zwei Jahren die Befürchtung, an einer Blutkrebserkrankung zu sterben, die nicht rechtzeitig diagnostiziert wird. Symptome wie leichtes Zahnfleischbluten nach dem Zähneputzen, eine leicht belegt klingende Stimme, sowie eine zwischenzeitlich aufgetretene verminderte körperliche Belastbarkeit (der Patient joggt täglich 15 Kilometer), die er bei seinem sportlichen Training bemerkt hatte, waren die Symptome, die ihn immer wieder dazu bewegten, Fachärzte aufzusuchen und sich aufwendigen Laboruntersuchungen zu unterziehen, um eine Tumorerkrankung ausschließen zu lassen. Lebensgeschichtlich bedeutsam erwies sich der plötzliche Tod seiner Frau 15 Jahre vor dem Beginn der Symptome, wobei der Partnerin gegenüber noch massive Schuldgefühle bestanden. Seine Kindheit hatte der Patient als sehr schwierig erlebt, der Vater, ein Bauer, war frühzeitig an einer Lungenerkrankung verstorben. Der Patient hatte sich nach einer Lehre über den zweiten Bildungsweg qualifiziert und fühlte sich bis in die Gegenwart hinein nicht der Gesellschaftsschicht zugehörig, der er berufsmäßig zuzurechnen war.

Verlauf und Therapie

Das unbewußte Thema, das sich in einer Einzelpsychotherapie herausarbeiten ließ, war die Angst, die Früchte seiner Arbeit – ähnlich wie sein Vater – nicht mehr genießen zu können. Auf der anderen Seite konnte er seinen beruflichen Ehrgeiz nicht drosseln, der ihn seiner Meinung nach erfolgreich werden ließ, und mit der er seine unglückliche Partnerschaft und Kinderlosigkeit zu kompensieren suchte.

In der Behandlung wurde ihm klar, daß er viele menschliche Qualitäten hatte, die er nun als Wert annehmen konnte; die Selbstzweifel wurden weniger und die Beziehung zu seiner zweiten Ehefrau intensiver.

»Ich fühle mich häßlich oder entstellt« (Dysmorphophobie)

Der Begriff »Dysmorphophobie« bedeutet, eine Furcht davor zu haben, körperlich fehlgestaltet zu sein. Ein Patient, der an einer solchen Störung leidet, ist überzeugt, entstellt zu sein. Nach allgemeinem Ermessen unterscheidet sich der vermeintlich verunstaltete Körperteil jedoch in seiner Form nicht wesentlich von dem anderer Menschen.

Oft haben die Patienten den Wunsch, die in ihren Augen vorhandene körperliche Mißbildung operativ beseitigen zu lassen. Ein Problem dabei ist, daß die Patienten tatsächlich einen Chirurgen finden, der sie operiert, und daß sich in der Folge die Überzeugung häßlich zu sein, auf einen anderen Körperteil verschiebt bzw. das Operationsergebnis als nicht ausreichend erachtet wird. Ein Teil der Patienten sucht dann immer wieder Schönheitschirurgen auf und verliert hierbei sehr viel Geld; einige verschulden sich in ihrer Not. Unseriöse Schönheitschirurgen operieren die Patienten wiederholt, ohne einen Psychosomatiker zu Rate zu ziehen. Daß man als Folge unnötiger Schönheitsoperationen schließlich tatsächlich verunstaltet sein kann, ist durch die umfangreiche Berichterstattung in den Medien hinlänglich bekannt.

Die Dysmorphophobie ist vom Schweregrad her ähnlich einzuschätzen wie eine schwere hypochondrische Störung und ähnlich häufig verknüpft mit anderen psychischen Erkrankungen wie Angststörungen und Depressionen.

Fallbeispiel

Dysmorphophobie

Herr E., ein 20jähriger junger Mann, wird kurz nach dem Fachabitur von seinem Vater in der psychosomatischen Ambulanz vorgestellt. Zur Familiengeschichte erwähnt der Vater, daß seine Ehe nun seit fünf Jahren geschieden sei, der Sohn habe bis vor einem Jahr bei der Mutter gelebt, die einen neuen Lebenspartner gefunden habe, dann sei er zu ihm gezogen; es gäbe noch einen drei Jahre jüngeren Bruder, der ebenfalls bei ihm, einem Diplomingenieur, lebe, und der nun ein auffälliges Eßverhalten zeige und zunehmend dicker werde. Der Patient selbst wirkt bei der Erstuntersuchung sichtlich bedrückt, berichtet, schon seit Jahren unter seiner – nach dem äußeren Anschein hin auf den Untersucher normal groß wirkenden – Nase zu leiden.

Begonnen habe es plötzlich im Alter von 13 Jahren, als er sich zum ersten Mal in ein Mädchen verliebt und mit ihr ein Treffen vereinbart hätte. Am nächsten Morgen habe er sich dann im Profil im Spiegel gesehen und sei dabei so erschrocken, daß er sich gedacht habe, so könne er sich niemals einem Mädchen zeigen. Er habe dann von dem Rendezvous Abstand genommen. Seitdem bestünden die Befürchtungen, häßlich zu sein, in wechselnder Ausprägung. Im letzten Jahr habe die Überzeugung zugenommen, sich anderen Menschen nicht zumuten zu können. Deshalb habe er sich kaum noch aus dem Haus getraut. Er habe nun vermehrt versucht, Adressen von Schönheitschirurgen zu bekommen.

Verlauf und Therapie

In einer Einzeltherapie ließ sich herausarbeiten, daß der Beginn der Symptomatik in die Zeit fiel, als es zu massiven Auseinandersetzungen zwischen den Eltern gekommen war. Bei dem Patienten hatte sich die Vorstellung verfestigt, daß ein glückliches Zusammenleben in einer Partnerbeziehung eigentlich nicht möglich sei. Im Lauf der Zeit konnte Herr E. seine Aufmerksamkeit mehr auf seine Fähigkeiten richten, wurde selbständiger, zog beim Vater aus und fand auch eine Freundin.

»Wenn der Schmerz nicht zum Aushalten ist ...« (anhaltende somatoforme Schmerzstörung)

Eine somatoforme Schmerzstörung liegt dann vor, wenn die vorherrschende Beschwerde ein andauernder, schwerer und quälender Schmerz ist, der durch einen physiologischen Prozeß oder eine körperliche Störung nicht vollständig erklärt werden kann. Der Schmerz tritt meist in Verbindung mit emotionalen Konflikten oder psychosozialen Belastungen auf, die schwerwiegend genug sein sollten, um als entscheidende und offensichtliche Faktoren gelten zu können. In der Folge ist die Suche nach beträchtlich gesteigerter persönlicher oder medizinischer Hilfe und Unterstützung zu beobachten. Der Schmerz muß über eine Zeitdauer von mindestens sechs Monaten bestehen und an den meisten Tagen auftreten.

● Ein Erklärungsmodell geht vom somatopsychischen Schmerz aus und beschreibt ein gleichzeitiges Auftreten von Schmerzen auf der körperlichen Ebene in Verbindung mit einem psychischen Faktor. Ein Beispiel hierfür wäre, wenn ein Patient in einer schwierigen Lebenssituation glaubt, sich ständig »zusammenreißen zu müssen«. Dies kann dann zu einer verstärkten Anspannung z.B. der Schulter-, Nacken- oder Rückenmuskulatur führen und chronische Schmerzen bereiten.

● Das zweite Modell geht von einem psychogenen Schmerz aus, bei dem die körperlichen Beschwerden sozusagen Widerspiegelung des seelischen Schmerzes sind, ohne daß es wie beim ersten Modell zu einer direkten körperlichen Veränderung kommt.

Wichtig für die Behandlung von Schmerzsyndromen ist die *relative Häufigkeit zusätzlicher depressiver Symptome*. Diese finden sich bei ungefähr 25 % der Patienten. Ebenfalls oft ist eine Lebensgeschichte Hintergrund, in der eine emotionale Ablehnung oder körperliche Mißhandlung seitens der Eltern, ständige Auseinandersetzung der Elternteile, frühe Trennungserlebnisse im Zusammenhang mit Scheidung oder Tod eines Elternteils, früher

Übernahme von Verantwortung, eine Sündenbock- bzw. Vermittlerrolle oder auch eine ausgeprägte Leistungsorientierung zu finden sind. Patienten mit psychogenen Schmerzen zeigen im Vergleich zu Patienten mit körperlich begründbaren Schmerzen häufiger Abwehrmechanismen wie Spaltung und Projektion (siehe auch psychologische Abwehrmechanismen, Seite 114), sowie eine vermehrte Ängstlichkeit.

● Die individuelle Beeinträchtigung ist besonders abhängig von dem vorherrschenden Denkmuster. Es hat eine weitaus größere statistisch nachweisbare Bedeutung als Schmerzattribute wie Örtlichkeit oder Dauer der Schmerzen. Folgende Denkstile stehen in Verbindung mit einer höheren Beschwerdeintensität:

● passive Vermeidung (»Ich gehe dem Problem lieber aus dem Weg«),
● ein Denken, daß die Zukunft Schlechtes bringen könne.

Die Suche nach sozialer Unterstützung und Sinnfindung im Leben geht einher mit einer geringeren Beschwerdeintensität.

Was wissenschaftliche Untersuchungen erbrachten

In einem interessanten Experiment zur Leistungsfähigkeit von Rückenschmerzpatienten wurden diese mit gesunden Kontrollpersonen mittels eines Laufbandtests verglichen. Bei diesem Test wurde die Geschwindigkeit langsam gesteigert, und die Probanden gebeten, so lange zu laufen, bis eine Ermüdung einsetzte. Bei einer vergleichbaren körperlichen Verfassung zeigten die Rückenschmerzpatienten eine verminderte Leistungsfähigkeit. Die Erschöpfung führten sie auf Schmerzen zurück und nicht auf die ungewohnte körperliche Beanspruchung. Sie waren also nicht in der Lage, wie dies Gesunden möglich ist, die Empfindungen getrennt zu beurteilen.

Zusammenfassend kann also gesagt werden, daß die Denkmuster für die Schmerzbewältigung eine entscheidende Rolle spielen.

Zur Bedeutung der Partnerbeziehung erbrachte eine Untersuchung das Ergebnis, daß bei Patienten, die durch ihren Partner im Hinblick auf eine Bewältigung der Schmerzen in ungeeigneter Weise bestärkt wurden, eine Verschlechterung der Symptomatik zu beobachten war. Dies gilt insbesondere dann, wenn die partnerschaftliche Situation durch die Krankheit stabilisiert wurde, und so z.B. eine vermehrte Abhängigkeit und Unselbständigkeit erzeugt wurde.

Eine andere Studie zeigt, daß Partner von Patienten mit chronischen Rückenschmerzen häufiger auch entgegen dem aktuellem wissenschaftlichen Kenntnisstand die Einstellung hatten, daß Unterstützung von außen erfolgen muß, womit sich die helfenden und pflegenden Leistungen, die von diesen Partnern erbracht wurden, erklärten.

Eine Umfrage unter Bezugspersonen von chronischen Schmerzpatienten zeigt, daß etwa zwei Drittel von ihnen der Ansicht waren, daß eine bisher noch nicht entdeckte körperliche Erkrankung für die Schmerzen verantwortlich wäre. Nur einer von 34 Befragten war der Ansicht, daß eine Psychotherapie hilfreich sein könnte, ca. 50 % erwarteten eine Besserung durch eine Behandlung auf der körperlichen Ebene. Die Hälfte der Bezugspersonen dachte, es sei hilfreich, sich soviel wie möglich »zu kümmern«, ein Drittel der Bezugspersonen war bereits frustriert und erlebte nichts von dem, was sie taten, als unterstützend. Fast keine der Bezugspersonen hatte eine Anweisung durch die behandelnden Mediziner erhalten, insbesondere über den Wert der »Ruhe«. Dabei wäre dies besonders wichtig, denn Ruhe kann einen negativen Effekt haben kann, weil

- »nicht ruhen« ablenkend wirken
und wieder
- Vertrauen auf die eigenen Möglichkeiten zu entwickeln,
bedeuten kann.

Fallbeispiel

Anhaltende somatoforme Schmerzstörung

Ein 28jähriger pharmazeutisch-technischer Assistent, Herr F., stellte sich, nachdem er zwei Jahre an massiven Schmerzen im Bereich der Genitalien litt – die er als ein Ziehen im Hoden und ein Verkrampfen des Unterbauchs beschrieb –, nach mehrmaliger urologischer Abklärung in der psychosomatischen Abteilung vor. Die akute Schmerzsymptomatik war nach einer kränkenden Auseinandersetzung mit einem Vorgesetzten am Arbeitsplatz des Patienten aufgetreten, nach der es dem Patienten nicht mehr möglich war, an den Arbeitsplatz zurückzukehren. Eine mehrmonatige Krankschreibung wegen der Beschwerden und der spätere Verlust des Arbeitsplatzes waren die Folge. In der zunächst stationären, später ambulanten Einzelpsychotherapie ergab ein Aufarbeiten der Lebensgeschichte, daß es für den Patienten, der als Einzelkind aufgewachsen war, immer schwer gewesen war, den Ansprüchen der Mutter zu genügen, die den Vater, der nur einen einfachen Beruf ausübte, immer wieder abwertete. Im Alter von vier Jahren wurde bei dem Patienten eine Vorhautverengung am Glied operativ behandelt. Der Eingriff mußte im 12. Lebensjahr wiederholt werden. Einen weiteren wichtigen Faktor stellte die Beziehung zu einem vier Jahre älteren Jugendlichen dar, der dem Patienten über einen längeren Zeitraum nachstellte, und von dem der Patient befürchten mußte, daß dieser sexuell übergriffig werden könnte. Weitere Schuldgefühle stellten sich in bezug auf die Großeltern ein, die der Patient sehr verehrte und die von der Mutter in häuslicher Umgebung bis zum Tod gepflegt wurden, was den Patienten während der Pubertät innerlich sehr beschäftigte. Er konnte aber keinen Zugang mehr zu den alten Menschen finden und empfand die Pflegesituation als sehr abstoßend.

Verlauf und Therapie

Während der Behandlung wurde dem Patienten klar, daß die Wahrnehmung der Schmerzen lediglich ein Ventil darstellte, das ihn vor den überwältigenden Gefühlen der Kränkung und Scham schützte und er so eine Rivalisierung mit den Gleichaltrigen vermeiden konnte. Er faßte Vertrauen zum Therapeuten und konnte in eine psychotherapeutische Wohngemeinschaft ziehen. So konnte er erste Kontakte knüpfen und erlebte, daß er sich anderen Menschen zuwenden und Anerkennung zulassen konnte. Der Schmerz hatte kaum mehr Bedeutung. Der Patient lernte, schmerzliche Gefühle zu akzeptieren und konnte sich erfolgreich den Anforderungen des Berufslebens stellen.

Studien zur Traumatisierung in den ersten Lebensjahren bei chronischen Schmerzpatienten ergaben insbesondere bei Frauen mit Schmerzen im Bereich des Beckens einen hohen Anteil von Patientinnen, die über einen sexuellen Mißbrauch vor dem 14. Lebensjahr berichten. Bei diesen Patientinnen war auch das Auftreten von schweren Depressionen im weiteren Verlauf des Lebens gehäuft zu beobachten.

Der atypische Gesichtsschmerz

Eine wichtige Untergruppe von Schmerz-Patienten stellen diejenigen dar, die über Schmerzen im Bereich der Nase oder des vorderen Gesichts klagen, häufig auch nach Nasennebenhöhlenoperationen oder Zahnbehandlungen. Die Schmerzen werden als dumpf, drückend bis brennend beschrieben und strahlen häufig flächig im Bereich der Nase, der Wangen oder der Stirn aus. Die Schmerzen können von wechselnder Intensität sein und halten meist Stunden an. Abgegrenzt werden muß von diesen psychosomatischen Schmerzen eine neurologische Erkrankung, die sogenannte Trigeminusneuralgie.

Die Trigeminusneuralgie

Hierbei handelt es sich um einen wiederkehrenden typischen Nervenschmerz, der »aus heiterem Himmel« beginnt, dann extrem stark werden kann und nach Minuten bis Stunden wieder abklingt. Diese Form von Schmerzen läßt sich in den meisten Fällen medikamentös gut behandeln (z.B. mit dem Wirkstoff Carbamazepin).

Aus psychosomatischem Verständnis heraus gelten für den atypischen Gesichtsschmerz sehr wahrscheinlich die gleichen Aussagen wie für die anhaltende somatoforme Schmerzstörung.

Ein Problem des atypischen Gesichtsschmerzes besteht darin, daß ein Teil der Patienten immer wieder Zahnärzte aufsucht, in der Hoffnung, durch eine Zahnbehandlung Linderung der Beschwerden zu finden. Leider wird diese Hoffnung enttäuscht, es sei denn, es findet sich ein eindeutig behandlungspflichtiger Befund, wie z.B. die Entzündung einer Zahnwurzel.

Seelisch bedingte neurologische Krankheiten: Konversionsstörungen

Sigmund Freud, der Begründer der Psychoanalyse, bezeichnet Krankheitserscheinungen als Konversionssymptome, wenn folgende Kriterien vorhanden sind:

1) Die Störungen sind der willkürlich zu bewegenden Muskulatur oder den Sinnesorganen zuzuordnen.
2) Es kann keine ausreichende körperliche Erkrankung als Erklärung herangezogen werden.
3) Die Symptome treten plötzlich auf.
4) Eine von unabhängigen Personen nachvollziehbare psychische Ursache ist im direkten Vorfeld des Auftretens der Symptomatik zu finden.
5) Das Symptom in seiner körpersprachlichen Symbolik paßt zu dem unbewußten Konflikt, der aus psychodynamischer Sicht dem Geschehen zugrunde liegt.

Für den Patienten selbst sind diese Zusammenhänge zunächst nicht einsichtig.

Neben den in den folgenden Abschnitten beschriebenen speziellen Krankheitsbildern können den Konversionsstörungen auch Krankheitsbilder, wie z.B. Symptome, die den Koordinations- oder Gleichgewichtssinn betreffen, zugeordnet werden.

● Aus psychosomatischer und fachpsychotherapeutischer Sicht sind aber neben den Symptomen auch ihre Bedeutung für das innerseelische Leben, die Art der Beschreibung des Symptoms, die Lebensgeschichte, die Persönlichkeit, die psychische Abwehr und die subjektive Krankheitstheorie wichtig.

Vergleicht man die verschiedenen Untergruppen der somatoformen Störungen, z.B. einen Patienten mit Konversionsstörung mit einem Patienten, der an einer Somatisierungsstörung leidet, erleben die Patienten mit Somatisierungsstörungen eine stärkere Beeinträchtigung mit ausgeprägteren Symptomen.

Zwischen 30 und 90 % der Patienten haben zeitgleich depressive Symptome, 72 % leiden an zusätzlichen Angstsymptomen.

Ein erhöhtes Risiko für diese Erkrankungsform wird bei ein-
eiigen Zwillingen beobachtet. Behandlungserfahrungen zeigen,
daß die Symptomatik der Konversionsstörung im Zusammenhang mit der Krankheit von Bezugspersonen im Sinne einer unbewußten Identifizierung des Patienten mit der erkrankten Bezugsperson verstanden werden kann. Am klarsten wird der Zusammenhang dann, wenn das Entstehen der Symptome mit einem Verlustereignis, z.B. Tod dieser Bezugsperson, steht.

Anfälle psychogenen Ursprungs

Psychogene Anfälle haben etwa 15–25 % aller Patienten, die mit
der Diagnose eines epileptischen Anfalls in eine neurologische
Klinik eingewiesen werden. Das Leiden ist bei Frauen zweimal so
häufig wie bei Männern. Es kann in jedem Lebensalter auftreten;
erstmalig sind besonders häufig Patienten nach dem 25. und vor
dem 32. Lebensjahr betroffen.

● Als Anfall können grundsätzlich zwei unterschiedliche Typen
von Krankheitsbildern verstanden werden: Auf der einen Seite
versteht man darunter einen Zustand, der mit Muskelzuckungen
und Krämpfen, die einige Gliedmaßen oder den ganzen Körper
betreffen können, und Symptomen wie »den Blick verdrehen«,
die »Nichtansprechbarkeit« oder Speichelfluß verbunden ist.
Hier muß eine Epilepsie ausgeschlossen werden. Der andere An-
fallstyp ist der sogenannte synkopale Anfall (oder auch *Synkope*).
Darunter ist ein langsames Zu-Boden-Sinken und Auftreten von
Bewußtlosigkeit sowie Nichtansprechbarkeit zu verstehen.

● Manchmal leiden Patienten an einer Epilepsie, haben aber
neben den echten epileptischen Anfällen zwischenzeitlich immer wieder auch einmal psychogene Anfälle. Vergleicht man
mittels gleichzeitiger Video- und Elektroenzephalogramm-Auf-
zeichnungen psychogene und echte epileptische Anfälle, so zeigen sich bei psychogenen und organischen Krampfanfällen doch
unterschiedliche Bewegungsmuster und Verläufe.

● Eine Möglichkeit, Klarheit zu bekommen, ob ein echter epi-
leptischer Anfall oder ein psychogener Anfall vorliegt, ist die
Messung eines Streßhormons kurz nach dem Anfall, des soge-

nannten Prolactins. Dieser Hormonwert ist aber auch bei echten epileptischen Anfällen nicht immer erhöht. Insbesondere bei sogenannten »fokalen Anfällen«, die von einer Gehirnregion ausgehen und nur einen Teil des Körpers betreffen, ist bei einem Normalwert von Prolactin eine echte Epilepsie nicht mit Sicherheit auszuschließen.

Fallbeispiel

Psychogene Krampfanfälle

Frau G., eine 26jährige Altenpflegerin, wurde von der neurologischen Klinik der Universität in die Psychosomatik überwiesen. Der erste Krampfanfall sei während eines Badeurlaubs in Bali, den die Patientin mit einem Bekannten verbringen wollte, am ersten Tage nach der Ankunft vor dem Beginn eines Einführungslehrgangs in das Tauchen aufgetreten. Die Patientin habe sich bereits nach der Ankunft nicht ganz wohl gefühlt, ihr sei übel gewesen; sie habe sich dann in ihr Zimmer zurückgezogen. Der Bekannte habe sie an den Extremitäten zuckend und nicht ansprechbar aufgefunden. Es sei dann eine sehr aufwendige Verlegung, zunächst in das nächstgrößere Inselhospital und dann zurück nach Europa erfolgt. Eine in der Folge durchgeführte neurologische Abklärung habe keinen Hinweis auf ein organisches Krampfleiden ergeben.

Verlauf und Therapie

Die Patientin hatte zwei Jahre vor dem Anfallsleiden eine schwere Traumatisierung durchlebt. Ihr damaliger Verlobter war wenige Tage vor der Hochzeit im Zusammenhang mit einem nicht selbst verschuldeten Verkehrsunfall ums Leben gekommen. Die Zunahme der Krämpfe, die nun auch am Arbeitsplatz aufgetreten waren und die zur Einweisung geführt hatten, ließ sich im nachhinein durch eine Belastungssituation am Arbeitsplatz, wo ein der Patientin sehr sympathischer Vorgesetzter die Arbeitsstelle verlassen mußte, erklären. Im Laufe der Gespräche über diese Lebensereignisse und auch danach traten keine Krampfanfälle mehr auf.

Wie bei den generellen Diagnosekriterien der Konversionsstörungen, die auch für das Stellen der Diagnose eines psychogenen Anfalls gelten, ist ein psychologischer oder sozialer Belastungsfaktor in der Lebensgeschichte des Patienten nachzuweisen, häufig spielt insbesondere bei jüngeren Patienten sexueller
Mißbrauch in der Vorgeschichte eine Rolle.

Verlaufsuntersuchungen zeigten, daß etwa ein Viertel der Patienten im Laufe der Zeit symptomfrei werden.

Psychogene Lähmungen

Auftreten können alle Arten von Lähmungen, wie sie auch durch
Schädigungen der Nerven bedingt sein können. Sie können ein-
zelne Extremitäten betreffen, aber auch einer Querschnitts-,
Ganzkörperlähmung oder halbseitige Lähmungen entsprechen.
Häufig sind psychogene Lähmungen mit anderen Konversions-
symptomen oder psychosomatischen Störungen verknüpft.

Die Diagnose kann gestellt werden, wenn Untersuchungen der
Nerven im Gewebe und des Gehirns den Ausschluß einer organisch bedingten Lähmung (med.: *Parese*) erlauben. Für psychogene Lähmungen ist typisch, daß die Ausprägung der Lähmungserscheinung wechselt und sie nicht mit klar abgrenzbaren organischen Erkrankungen übereinstimmt.

Mittels manueller und beobachtender neurologischer Untersuchungsmethoden können bereits einige organische Störungen
von Konversionsstörungen abgegrenzt werden, z.B. Untersuchungen von Gangstörungen, des Geruchsinns, des einseitigen
Sehverlustes, des beidseitigen Sehverlustes, des Gehörs, des Ver-
lustes der Sprechkraft, von Gefühlsstörungen, von Lähmungen
der oberen Extremität, der unteren Extremität. Durch Tests können Störungen der Beweglichkeit und der Empfindungsfähigkeit
abgegrenzt werden.

Fallbeispiel

Psychogene Lähmung

Eine 62jährige türkische Arbeiterin, Frau H., stellte sich im Rahmen einer sozialgerichtlich veranlaßten Begutachtung vor. Sie litt seit 13 Jahren an einer teilweisen Lähmung des linken Oberarmes, ohne daß apparative Untersuchungen die Lähmung bestätigen konnten. Willkürliche Bewegungen waren der Patientin nicht möglich, die Untersuchung der Reflexe ergab aber keine Auffälligkeiten, ein unbewußtes Mitbewegen beim Sprechen, insbesondere wenn es um emotional belastende Inhalte ging, war zu beobachten. Am Anfang der Leidensgeschichte der Patientin stand ein Bagatellunfall am Arbeitsplatz. Sie war damals als Löterin beschäftigt und hatte sich bei einem Unfall mit Schwachstrom eine minimale Verbrennung zugezogen. In zeitlichem Zusammenhang mit diesem Trauma bestand jedoch der Plan, zur Beerdigung der Mutter in das Heimatland zu reisen, was die Patientin dann nicht auf sich genommen hatte. Zunehmend war nun eine Verstärkung der Lähmungssymptomatik zu beobachten, ein vom Hausarzt verordnetes kankengymnastisches Programm erlebte die Patientin als zusätzlich schmerzhaft und belastend. Eine jahrelange Odyssee führte die Patientin zu verschiedensten Nervenärzten und Orthopäden. Im Zuge der langen Krankschreibungen kam es zum Verlust des Arbeitsplatzes und letztendlich zu einem Sozialgerichtsprozeß, bei dem die Patientin eine Rente wegen Erwerbsunfähigkeit aufgrund der Lähmungserscheinung einklagte.

Verlauf

Obwohl der Charakter der Konversionsstörung, die Auslösesituation und das Symptom letztendlich offensichtlich waren, konnte die Patientin nicht zu einer psychotherapeutischen Behandlung motiviert werden.

Dystonien psychischen Ursprungs

Unter Dystonien verstehen die Mediziner Erkrankungen, die mit Verkrampfungen der willkürlichen Muskulatur einhergehen und so zu einer Fehlstellung z.B. des Kopfes oder von Körperregionen wie der Schultern oder der Arme führen. Eine typische Erkrankung stellt der Schiefhals dar.

Von der psychogenen Dystonie wird die sogenannte idiopathische oder spasmodische Dystonie abgegrenzt. Idiopathisch bedeutet, daß die Erkrankung von der Ursache her noch nicht erklärt ist. Spasmodisch bezieht sich auf das Erscheinungsbild der Symptome und meint »krampfartig«. In der Gesamtgruppe der Patienten mit Dystonien stellen die Patienten mit psychogenen Dystonien nur einen kleinen Anteil dar. Damit die Diagnose gestellt werden kann, müssen die Kriterien der Konversionsstörung erfüllt sein.

Die Diagnostik ist im Gegensatz zu den anderen Konversionsstörungen relativ schwierig. Damit die Diagnose »psychogene Dystonie« sicher gestellt werden kann, sollte eine Beeinflußbarkeit durch Suggestion oder durch Psychotherapie dokumentiert sein. Als klinisch gesichert kann die psychogene Dystonie gelten,

• wenn der Befund im Verlauf wechselt und nicht mit dem Bild einer organischen Dystonie übereinstimmt und
• weitere psychosomatische oder psychogen neurologische Symptome oder psychische Störungen vorhanden sind.

Die Dauer und Schwere der Symptomatik können zu einer Unterscheidung zwischen psychogener und idiopathischer Dystonie nicht herangezogen werden. Leider sind im weiteren Verlauf spontane Rückbildungen selten.

Fallbeispiel

Dystonie

Herr I., ein 42jähriger verheirateter Landmaschinenmechaniker, wurde von einem niedergelassenen Nervenarzt an die psychosomatische Abteilung überwiesen. Der Patient zeigte eine Schiefhalssymptomatik, bei der er den Kopf nach rechts unten drehte. Die Symptomatik bestehe zunehmend nun seit zwei Jahren, anfänglich habe er es selbst gar nicht gemerkt, sondern seine Kollegen hätten ihn darauf aufmerksam gemacht. Eine Behandlung mit örtlichen Injektionen mit Botulinustoxin, das bei der örtlich begrenzten Injektion in den Muskel zu einer über mehrere Wochen anhaltenden gewünschten Erschlaffung des Muskels führen kann, brachte zunächst eine Besserung. Im Laufe der Zeit, möglicherweise durch die Bildung von Antikörpern gegen das Medikament, stellte sich die gewünschte Wirkung jedoch nicht mehr ein. Die nähere Betrachtung der Lebensgeschichte zeigte, daß sich der Patient am Arbeitsplatz seit einiger Zeit nicht mehr wohl fühlte und sich überfordert sah. Insbesondere notwendige Dienstreisen überforderten ihn. Als belastend empfand er die Trennung von seiner Familie. Erschwerend kam dabei hinzu, daß die Ehefrau zuckerkrank war und sich mit Insulin behandeln mußte, was ihm zusätzlich Sorgen bereitete. Als auslösend für eine Verschlechterung der Symptomatik konnte ein Ereignis herausgearbeitet werden, als die Ehefrau des Patienten ihn wegen einer Namensverwechselung kurzzeitig für tot halten mußte.

Verlauf und Therapie

Auch wenn die psychische Begründbarkeit für das körperliche Symptom nicht klar nachzuweisen war, ist die Erkrankung im Zusammenhang mit der Bewältigung der Lebenssituation, dem Krankheitsverhalten und den Wünschen des Patienten zu verstehen. Eine Einzelpsychotherapie brachte eine Klärung seiner Beziehungsmuster. Er konnte Erwartungen und Wünsche, sowohl im beruflichen als auch privaten Bereich, besser zum Ausdruck bringen. Im Zusammenhang mit der Therapie trat auch das Symptom weniger stark auf.

Psychogene Gangstörungen (Astasie-Abasie-Syndrome)

Bei gleichzeitigem Fehlen neurologischer Symptome kann – neben der Unfähigkeit zu gehen (*Abasie*) – auch die Unfähigkeit zu stehen (*Astasie*) dignostiziert werden. Kinder sind davon häufiger betroffen als Erwachsene. Nachuntersuchungen zeigen eine hohe spontane Rückbildung bei über zwei Dritteln der Patienten.

Psychogene Gangstörung

Von der neurologischen Klinik wurde Frau J., eine 45jährige verheiratete Konditorin, jetzt Hausfrau, an die psychosomatische Ambulanz überwiesen. Sie berichtete über ein Schwächegefühl in den Beinen, das es ihr nicht mehr ermöglichte, längere Strecken zu gehen. Die Lebensgeschichte ergab eine Umbruchsituation. Die beiden erwachsenen Söhne waren dabei, ihre Ausbildungen abzuschließen und in eigene Wohnungen zu ziehen, was bis zu diesem Zeitpunkt aus finanziellen Gründen nicht möglich gewesen war. Als Auslösesituation konnte eine Auseinandersetzung zwischen der im Haus wohnenden Freundin eines Sohnes und der Patientin herausgearbeitet werden: Dieser machte die Patientin den Vorwurf, sich nicht genügend an den Hausarbeiten zu beteiligen. Bemerkenswert in diesem Zusammenhang war, daß der Ehemann der Patientin und die Söhne passionierte Langstreckenläufer waren und die Mutter immer wieder ermunterten, sich am Lauftraining zu beteiligen. Zudem hatten die Männer sich einen großen Jagdhund zugelegt, für dessen Auslauf sich nun vermehrt die Mutter zuständig fühlte, da sich die Söhne immer seltener im Hause aufhielten.

Verlauf und Therapie

Im Laufe einer Einzelpsychotherapie konnte Frau J. ihre Erwartungen besser verstehen und einordnen, insbesondere die Problemthemen in der Haushaltsführung; sie konnte eine gewisse Kompromißbereitschaft und Toleranz entwickeln, sich aber auch besser von den Ansprüchen ihrer Familie abgrenzen.

Psychogene Muskelzuckungen (Myoklonien)

Darunter sind ruckartige Bewegungen zu verstehen, die entweder durch plötzliche Muskelzusammenziehungen oder Spannungsverluste in einzelnen Muskeln, Muskelgruppen oder ganzen Extremitäten zu beobachten sind.

Von einer Gruppe von Patienten mit psychogenem Muskelklonus wurde öfter ein Auftreten in Ruhe, eine Zunahme der Symptomatik bei Bewegung sowie eine Abnahme der Ausprägung bei Ablenkung beschrieben. Spontane Zurückbildungen waren sehr häufig. Über die Hälfte der Patienten hatte unter weiteren psychiatrischen Erkrankungen in der Vorgeschichte gelitten. Patienten beklagten dabei häufiger ein Zucken von einzelnen Gesichtsmuskeln oder ein Blinzeln der Augen. Auch hier müssen die allgemeinen Kriterien der Konversionsstörung erfüllt sein.

Psychogene Sehstörungen

Die psychogene Erblindung ist selten. Zur sicheren Diagnose ist eine intakte Pupillenreaktion und ein Normalbefund bei den sogenannten »visuell evozierten Potentialen« (VEP), also durch Lichtreize hervorgerufene Veränderungen bei EEG- Ableitungen über der Sehrinde des Gehirns erforderlich. Die klinische Erfahrung zeigt, daß psychosomatische Patienten am häufigsten über zeitweises Bestehen von Doppelbildern klagen, für das sich keine organische Ursache finden läßt. Daneben können aber auch psychogen bedingte Einschränkungen der Sehfähigkeit (Visusverlust, einseitig oder beidseitig), Sehfeldausfälle, Störungen der Konvergenzreaktion, also des Nahsehens oder auch in seltenen Fällen Konvergenzspasmen auftreten, bei denen die Sehfähigkeit auf nah und fern nicht mehr reguliert werden kann. Manchmal sind die Symptome auch Folge von Arzneimittelgebrauch oder -mißbrauch, so z.B. von Medikamenten, die zur Krampflösung der Darmmuskulatur eingesetzt werden.

Fallbeispiel

**Psychogene Sehstörungen bei rezidivierender
depressiver Störung**

Herr K., ein 35jähriger verheirateter Verwaltungsangestellter ohne Kinder, der sich wegen einer vermehrten Ermüdbarkeit und Schlafstörungen sowie einer ausgeprägten Antriebslosigkeit in stationärer psychotherapeutischer Behandlung befand, klagte plötzlich über das Auftreten von Doppelbildern, die augenärztlich auf keine körperliche Ursache zurückgeführt werden konnten.

Verlauf und Therapie

Die Symptome traten während einer Behandlungsphase auf, bei der in einem Partnergespräch deutlich wurde, daß seine Ehe gescheitert war und sich der Patient von seiner Frau trennen wollte. Zur Lebensgeschichte ist erwähnenswert, daß der Patient als Einzelkind ebenfalls eine Scheidung der Eltern miterlebt hat, sich damals für ein Bleiben bei der Mutter entschieden und mit dem neuen Partner der Mutter große Schwierigkeiten hatte. Als Partnerin hatte er sich dann später eine Frau gewählt, die selbst keine Kinder haben wollte. Herr K. entschloß sich zur Trennung. Sehstörungen traten bei ihm nicht mehr auf.

Stimmstörungen psychischen Ursprungs

Stimmärzte (*Phoniater*) klären, wo der individuelle Schwerpunkt einer Stimmstörung liegt. Handelt es sich lediglich um eine Heiserkeit (Dysphonie) bei einem technisch falschen Stimmgebrauch (z.B. »Schreiknötchen«), oder sind seelische Ursachen vorrangig? Zunächst muß bei Stimmstörungen aber immer eine organische Ursache ausgeschlossen werden. Konkret muß sichergestellt sein, daß keine Entzündung und insbesondere kein bösartiger Tumor vorliegt. Eine mehr als 6 Wochen anhaltende heisere Stimme muß durch den Facharzt untersucht werden!

Bei organischen Ursachen einer Heiserkeit, z.B. bei Entzündungen, gutartigen Polypen oder Zysten der Stimmbänder, ist diese Ursache zunächst mit Medikamenten oder auch mit einer kleinen Operation zu behandeln. Ist der Stimmgebrauch fehlerhaft (funktionelle Stimmstörung), ein häufiger Befund z.B. bei Kindergärtnerinnen oder Lehrern, also bei Menschen in »Sprechberufen«, wird der Phoniater eine Stimmübungsbehandlung bei einer Logopädin veranlassen.

Bei Stimmstörungen mit seelischen Ursachen ist eine psychotherapeutische Behandlung unbedingt erforderlich. Grundsätzlich

muß man aber sagen, daß eine rein seelisch bedingte Stimmstörung immer auch der Übungsbehandlung bedarf und nicht
allein durch eine Psychotherapie zu beheben ist. Werden Stimm-
profile elektronisch verglichen, findet sich kaum ein Unter-
schied zwischen dem Befund einer akuten Kehlkopfentzündung,
die hals-nasen-ohrenärztlich nachgewiesen werden kann, und
der psychogenen Dysphonie.

Psychogene Stimmstörung

Frau L., eine 47jährige verheiratete Bürokauffrau, war von der
Hals-Nasen-Ohrenklinik an die psychosomatische Ambulanz
überwiesen worden. Zwei Jahre zuvor hatte sie plötzlich dauer-
haft ihre Stimme verloren. Sie war damals zunächst immer wieder für einige Tage weggeblieben. Als auslösendes belastendes
Lebensereignis konnte dann im Rahmen der Anamnese herausgearbeitet werden, daß die akute Symptomatik im zeitlichen Zusammenhang mit der Geburt der Enkeltochter stand, mit der die
Patientin bis zum Beginn der stationären psychosomatischen
bzw. psychotherapeutischen Behandlung (auf Wunsch der Tochter der Patientin) keinen Kontakt haben durfte. Die Tochter hatte sich ganz in die Familie des Ehemannes zurückgezogen, der
aus einem anderen Kulturkreis stammte, einer anderen Religi-
onsgruppe angehörte und von der Patientin zunächst sehr abgelehnt worden war. Daneben konnten weitere Belastungsfaktoren
herausgearbeitet werden: Die Patientin war für die Betreuung
des pflegebedürftigen Vaters, der in der Familie lebte und in der
sie sich von ihren Geschwistern alleingelassen fühlte, zuständig.
Zudem war der Ehemann der Patientin organisch-orthopädisch
krank; ihm drohte die Erwerbsunfähigkeit. Der jüngste Sohn der
Patientin, ein Nachzügler, war zum Zeitpunkt der Manifestation
der Beschwerden gerade eingeschult worden.

Verlauf und Therapie

In einer Familientherapie, in die im Laufe von anderthalb Jahren
alle Familienmitglieder mit Ausnahme des pflegebedürftigen Va-

ters in unterschiedlicher Häufigkeit einbezogen wurden, konnten die Spannungen angesprochen, Mißverständnisse ausgeräumt und der Kontakt zu Tochter und Enkelkind wieder hergestellt werden. Die Stimmstörung bildete sich im Rahmen einer ergänzenden Einzel-Hypnosebehandlung der Patientin zunehmend zurück.

Störungen, die über das vegetative Nervensystem vermittelt werden: Somatoforme autonome Funktionsstörungen

Somatoforme autonome Funktionsstörungen sind Krankheitsbilder, bei denen die Patienten über vegetative Symptome, also Symptome von Organen, die vorwiegend durch das sogenannte vegetative Nervensystem versorgt und gesteuert werden, klagen. Diese Organsysteme sind

- das Herz-Kreislauf-System
  (»somatoforme autonome Funktionsstörung des kardiovaskulären Systems«),
- der Magen-Darm-Trakt
  (»somatoforme autonome Funktionsstörung des oberen oder unteren Gastrointestinaltrakts«),
- das Atmungssystem
  (»somatoforme autonome Funktionsstörung des respiratorischen Systems«) und
- das Urogenitalsystem
  (»somatoforme autonome Funktionsstörung des Urogenitalsystems«).

Die im deutschsprachigen Raum gebräuchlichen Begriffe *funktionelle Erkrankungen* oder *funktionelle Syndrome* fußen auch auf der Grundannahme, daß die Beeinträchtigung nicht durch eine körperliche Erkrankung ausreichend erklärt werden kann.

Beeinträchtigungen, die auf Organe zurückgeführt werden, welche vorwiegend durch das vegetative Nervensystem gesteuert werden, sind in der Bevölkerung weit verbreitet. Genaue Informationen gibt es zu diesem Thema aber bisher nur zu den

Störungen, die den Magen-Darm-Trakt betreffen. Etwa 30 % der Bevölkerung in zivilisierten Ländern leiden zeitweise an diesen Symptomen.

Auch bei Patienten mit somatoformen autonomen Funktionsstörungen ist daran zu denken, daß sie zusätzlich auch an Depressionen und Angsterkrankungen leiden können.

Insbesondere bei Patienten mit körperlichen Magen- oder Darmerkrankungen, z.B. chronisch entzündlichen Darmerkrankungen wie Morbus Crohn oder Colitis ulcerosa, sollte in Phasen von Beschwerden, bei denen sich keine weiteren körperlichen Befunde erheben lassen, daran gedacht werden, daß zusätzlich zu der chronisch entzündlichen Darmerkrankung auch eine somatoforme autonome Funktionsstörung bestehen kann.

Wie bei anderen somatoformen Störungen spielen psychosoziale Belastungsfaktoren im Vorfeld des Beschwerdebeginns eine auffallend häufige Rolle. Die Beschwerden stellen sich insbesondere bei generellen Veränderungen im Leben ein, wie z.B. in der Pubertät, kurz vor der Heirat, bei der Geburt von Kindern, im Klimakterium, mit Beginn der Pensionierung oder dann, wenn Entscheidungen anstehen.

Untersuchungen bei Patienten mit einer Reizdarmsymptomatik zeigten auf, daß nach besonderen Traumatisierungen, wie dramatischen gesellschaftlichen Veränderungen oder Verlustereignissen und Trauerreaktionen, die Beschwerden vermehrt auftreten.

Für die anderen Organsysteme wie das Herz-Kreislauf-System, die Atmung oder das Urogenitalsystem liegen keine so ausführlichen Untersuchungen vor; es ist jedoch anzunehmen, daß die gleichen Beobachtungen auch auf diese Krankheitsbilder übertragen werden können.

Der Reizmagen

Diese somatoforme autonome Funktionsstörung des oberen Gastrointestinaltrakts ist charakterisiert durch Schmerzen im Bereich des linksseitigen oder mittleren Oberbauchs und Mißempfindungen wie Völlegefühl oder Übelkeit. Sie können auch im direkten Zusammenhang mit der Aufnahme von Speisen – oder umgekehrt – nach einer längeren Hungerperiode oder Stunden nach der Aufnahme von Speisen auftreten. Der Reizmagen muß abgegrenzt werden von organischen Erkrankungen des Magens oder des oberen Dünndarmabschnittes, die früher zum Teil auch als psychosomatische Erkrankungen eingeordnet wurden, wie etwa das klassische Magengeschwür. Eine häufige Diagnose, die in diesem Zusammenhang auch gestellt wurde, die aber davon abgegrenzt werden muß, ist die Magenschleimhautentzündung.

Die Magenschleimhautentzündung

Magenschleimhautentzündungen können nur sicher mittels Magengewebeprobe diagnostiziert werden. Bei etwa 50 % der Patienten, bei denen Magenspiegelungen vorgenommen werden, zeigt sich, daß nur wenige Quadratmillimeter, aber auch ganze Magenabschnitte von Magenschleimhautentzündungen betroffen sein können.

Fallbeispiel

Reizmagen (somatoforme autonome Funktionsstörung des oberen Gastrointestinaltrakts)

Herr M., ein 63jähriger verheirateter kaufmännischer Angestellter, wurde von der medizinischen Klinik an die psychosomatische Ambulanz überwiesen. Er klagte seit vielen Jahren über in unterschiedlicher Ausprägung auftretende linksseitige Oberbauchschmerzen, die plötzlich begannen und mehrere Tage anhielten, verbunden mit einem ausgeprägten Völlegefühl und einer leichten Übelkeit. Wiederholte körperliche Durchuntersuchungen hatten keine krankhaften Befunde ergeben. Dem Patienten selbst war es zunächst unerklärlich, welche Faktoren mit seinen Beschwerden in Zusammenhang gebracht werden konnten, er fühlte sich rundum zufrieden. Nachdem ihn die Beschwerden nun viele Jahre gequält hatten, bemerkte er dann eine Lebensphase, in der die Beschwerden wie weggeblasen waren.

Verlauf und Therapie

Rückblickend konnte er für sich feststellen, daß er seine Symptome mit der Ehe seiner Tochter in Zusammenhang bringen konnte, die einen Partner gewählt hatte, mit dem der Patient nicht einverstanden gewesen war. Als die Ehe scheiterte und sich seine Tochter scheiden ließ, verschwanden auch die Beschwerden. Rückblickend konnte der Patient berichten, daß die Beschwerden immer dann auftraten, wenn ein Besuch des Schwiegersohns ins Haus stand.

Der Reizdarm

Patienten mit einer somatoformen autonomen Funktionsstörung des unteren Gastrointestinaltrakts klagen über Stuhlunregelmäßigkeiten, eventuelle Schmerzen im Bauchraum, Blähungen und/oder Völlegefühl. Eine ausreichende körperliche Erklärung findet sich, wie auch bei den anderen somatoformen autonomen Funktionsstörungen, nicht.

Reizdarm-Patienten erleben Untersuchungen zufolge Streßbelastungen subjektiv intensiver. Patienten mit einer geringeren Schmerztoleranz, die auch mit Untersuchungstechniken dokumentiert werden kann, einer vermehrten psychischen Verletzbarkeit und einer geringeren Schulbildung zeigen über einen Sieben-Jahres-Zeitraum eine ungünstigere Entwicklung der Symptomatik.

Fallbeispiel

Reizdarm (somatoforme autonome Funktionsstörung des unteren Gastrointestinaltrakts)

Frau N., eine 38jährige ehemalige Friseurin, wurde von einem auswärtigen Kreiskrankenhaus mit dem Verdacht auf einen Tumor oder eine schwere Entzündung im Bereich des Enddarmes in die medizinische Universitätsklinik verlegt. Bei einer Röntgenuntersuchung des Darms mit Kontrastmittel im Bereich des Enddarms wurde zunächst eine deutliche Enge nachgewiesen.

Bei der nun durchgeführten Darmspiegelung zeigte sich eine ausgeprägte Verkrampfung des Enddarmes. Die Patientin berichtete folgende Krankengeschichte: Sie habe bereits seit über neun Jahren etwa jede Woche bis etwa einmal im Quartal einen schweren Unterleibskrampf mit so starken Schmerzen, daß sie sich hinlegen müsse, dabei auch stark schwitze und sich kaum rühren könne. Wenn sie Wärme anwende, würden die Beschwerden im Laufe von Stunden besser werden, insbesondere auch wenn sie krampflösende Zäpfchen einsetze. Die zeitweise auftretenden Beschwerden schränkten sie sehr ein, so daß ihr Ehemann sie bereits vor Jahren überzeugen konnte, ihre Berufstätigkeit, die ihr sehr viel Spaß gemacht habe, aufzugeben. Vor vier Jahren sei es dann im Zusammenhang mit den Unterbauchschmerzen zu einer schwerwiegenden Komplikation gekommen. Zunächst habe man in einer Episode besonders ausgeprägter Schmerzen eine gynäkologische Erkrankung vermutet. Es mußte sogar eine Notoperation durchgeführt werden, bei der dann ein geplatzter Darm gefunden worden sei. Seitdem habe sie immer wieder Angst, daß der Darm »platzen« könne.

Verlauf und Therapie

Eine ausführliche biographische Anamnese ergab wichtige Belastungsfaktoren. Die Patientin hatte im Alter von etwa zwölf Jahren ihre Mutter nach einem langen Unterleibskrebsleiden verloren, danach fühlte sie sich intensiv für die Erziehung ihrer beiden jüngeren Schwestern mitverantwortlich. Sie heiratete früh. Die Eheleute entschlossen sich zunächst beide, sich auf die Berufstätigkeit zu konzentrieren, um sich einen höheren Lebensstandard zu ermöglichen. Im Alter von 30 Jahren brachte die Patientin dann eine Tochter zur Welt. Diese erlitt wenige Tage nach der Geburt eine schwere Blutvergiftung mit einer Entzündung des Gehirns, die zwar behandelt werden konnte, in deren Folge sich jedoch ein Krampfleiden einstellte, das immer noch besteht. Die Patientin war zunächst sehr ehrgeizig und versuchte, ihre Tochter sehr zu fördern, mußte dann aber in der Grundschule erkennen, daß das Kind nicht so leistungsfähig war wie Gleichaltrige. Die Zunahme der Beschwerden war in Zusammenhang zu bringen mit der Situation, in der die Alterskameradinnen der Tochter sich für einen Gymnasiumsübertritt entschieden und die Patientin akzeptieren mußte, daß ihre Tochter keine höhere Schule besuchen konnte.

Die Gespräche empfand die Patientin als eine große Entlastung; in Paargesprächen konnte der Ehemann deutlich machen, daß er vermehrt Verantwortung für die Erziehung der Tochter übernehmen wollte. Die Patientin kehrte halbtags in ihren Beruf zurück, die Beschwerdephasen wurden deutlich seltener.

Die Herzneurose

Erkrankungen ohne ausreichende körperliche Erklärung in diesem Bereich werden unter gewissen Umständen (Ausschluß einer Angsterkrankung) heute als »somatoforme autonome Funktionsstörungen des kardiovaskulären Systems« bezeichnet.

Früher gebräuchliche Begriffe für Befindlichkeitsstörungen, die vom Patienten im Brustraum angesiedelt wurden, waren die Herzneurose oder Herzangstneurose. Bei letzterer steht jedoch die Furcht, an einer Herzerkrankung zu leiden, im Vordergrund. Wahrgenommen wird hierbei zumeist ein Herzstolpern. Wenn die Patienten ausschließlich im Zusammenhang mit einer Angstsymptomatik an der körperlichen Befindlichkeitsstörung leiden, wird eine Angsterkrankung diagnostiziert. Der Begriff »hyperkinetisches Herzsyndrom« wird gewählt, wenn die Symptome besonders in subjektiv wahrgenommenen Frequenzveränderungen des Herzrhythmus begründet sind. Das sogenannte DaCosta-Syndrom beruht auf der Wahrnehmung von Herzbeschwerden, denen kein Befund einer organischen Herzerkrankung zugrunde liegt, sondern die durch ein Auf-das-Herz-Drücken einer mit Luft gefüllten Magenblase bedingt sind.

Fallbeispiel

Herzneurose (somatoforme autonome Funktionsstörung des kardiovaskulären Systems)

Herr O., ein 65jähriger verheirateter Kaufmann, wurde vor zehn Jahren erstmalig stationär psychosomatisch behandelt. Damals klagte er über linksseitige Schmerzen im Brustbereich, verbunden mit einem subjektiven Herzstolpern, das sich bei Belastung verbesserte, und über Befürchtungen, an einer Herzerkrankung zu sterben. Er fühlte sich körperlich wenig belastbar, klagte wiederholt über Schweißausbrüche und fühlte sich so elend, daß er überlegte, seinen Beruf als Vertreter für Damenbekleidung aufzugeben. Nach der Krankenhaus-Behandlung, die in eine ambulante tiefenpsychologisch fundierte Einzelpsychotherapie mündete, fühlte er sich besser, zwischenzeitlich traten aber immer wieder Phasen körperlicher Beschwerden auf, die zu einer Überweisung in die psychosomatische Ambulanz führten.

Verlauf und Therapie

Die psychosoziale Problematik, die sich hinter den körperlichen Beschwerden verbarg, ließ sich folgendermaßen zusammenfassen: Der Patient beschrieb seine etwa zehn Jahre jüngere Ehefrau als kühl, zurückhaltend und sehr auf sich selbst bezogen. Die Ehefrau habe sein berufliches Engagement nie nachvollziehen können. Sie selbst habe sich von ihrer beruflichen Tätigkeit ganz zurückgezogen. Die Entscheidung, die er vor etwa zehn Jahren getroffen hatte, sich selbständig zu machen, habe sie nicht mitgetragen. Auch seine beiden Töchter erlebte er nun eher so wie seine Frau, fühlte sich in der Familie isoliert. Der aktuellen Verschlechterung, die Anlaß zu einer Vorstellung in unserer Ambulanz war, lag die Entscheidung zugrunde, sich aus dem Geschäftsleben zurückzuziehen, was zu einer Verdichtung des folgenden Konfliktes führte. Die Ehefrau hatte über viele Jahre den Wunsch gehabt, nach der Geschäftsaufgabe in die nahegelegene Großstadt zu ziehen, um dort die kulturellen Möglichkeiten mehr in Anspruch nehmen zu können. Der Patient hatte von seinen Eltern einen großen Garten in einer anderen

Region Deutschlands geerbt und hatte den Traum, sich nach seiner Pensionierung dorthin zurückzuziehen, fand aber bei seiner Frau diesbezüglich keine Unterstützung.

Während der Psychotherapie fiel es ihm zunehmend leichter, seine Interessen zum Ausdruck zu bringen; er konnte die Entscheidung treffen, für eine begrenzte Zeit in seine alte Heimat überzusiedeln; dort hatte er noch einige alte Freunde. Die Frau entschied sich, in der Großstadt eine kleine Wohnung zu nehmen. Die Ehe wurde nicht geschieden; beide Partner genossen das unabhängigere Leben und besuchten sich gegenseitig.

Das Hyperventilations-Syndrom

Das Hyperventilations-Syndrom, auch Hyperventilations-Tetanie genannt, erleben viele Menschen wenigstens ein Mal in ihrem Leben, bei manchen wird es jedoch zu einem dauerhaften, sich wiederholenden Problem. Dann fällt sie unter den Erkrankungsbegriff »somatoforme autonome Funktionsstörung des respiratorischen Systems«.

Den Symptomen liegt ein gut erklärbarer und bekannter Mechanismus zugrunde, der auf dem Säure-Basen-Haushalt im Blut und der Atmung basiert. Über die Atmung wird die Kohlensäure, die im Blut als Stoffwechselprodukt bei der Zellatmung entsteht, an die Luft in der Lunge und damit an die umgebende Atemluft zurückgegeben. Dies ist möglich, weil die Kohlensäurekonzentration im Blut höher ist als die Konzentration in der Atemluft. Wenn nun über eine längere Zeit schnell und gleichzeitig tief geatmet wird, sinkt der Kohlensäurespiegel im Blut, was wiederum Einfluß auf die Kalziumbindung im Blut hat. Das Kalzium ist ein Element, das bei der Weiterleitung von Nervenimpulsen eine Rolle spielt. Deswegen kommt es, je nach Konstitution, eben in den Bereichen um den Mund bzw. in den Händen und/oder in den Füßen zu den Kribbelgefühlen, ähnlich wie man es beim Einschlafen von Gliedmaßen kennt. Die vermehrte Atmung ist für viele Menschen nicht selbst wahrnehmbar. Sie ist z.B. bedingt durch Streß von außen. Die auftretenden Symptome machen angst; die wiederum intensiviert die Ein- und Ausatmung, so daß ein Teufelskreis entsteht, der die Symptomatik des Kribbelns und einer typischen Verkrampfung der Hände bis hin zu einer Pfötchenstellung verstärkt.

Die einfachste Behandlung eines solchen Krampfzustandes ist die Tütenrückatmung. Der Patient wird hierbei aufgefordert, in eine Tüte, die Nase und Mund dicht abschließt, ein- und auszuatmen, so daß der Kohlendioxydspiegel in dem geschlossenen System Lunge/Beutel langsam ansteigt. Normalerweise reicht es aus, eine Minute so zu atmen. Der Sauerstoffgehalt, der im Blut gelöst ist, und der sich in der Atemluft in der Lunge und dem Beutel befindet, reicht problemlos aus, um diese Minute zu überbrücken. Bereits nach einigen Atemzügen ist wahrnehmbar, daß sich der Atemrhythmus verlangsamt und die Atmung tiefer wird. Der Fingerkrampf bzw. das Kribbelgefühl in den Fingern bilden sich zurück.

Fallbeispiel

Hyperventilations-Syndrom (somatoforme autonome Funktionsstörung des respiratorischen Systems), generalisierte Angststörung

Frau P., eine 45jährige Hausfrau, klagte viele Jahre über fast täglich auftretende Kribbelgefühle und manchmal auch ausgeprägte Krampfzustände der Arme in der klassischen Weise. Sie kannte den Mechanismus des Hyperventilations-Syndroms und konnte, wenn sie unter seelischen Druck geriet, dem Vorgang selbständig entgegenwirken. Der Ehemann von Frau P. berichtete, einen Hyperventilations-Anfall zum ersten Mal kurz vor der Eheschließung miterlebt zu haben, als er mit seiner Frau die Hochzeitsreise besprochen hatte und diese sich ein anderes Ziel wünschte als er. Er selbst habe den Eindruck, daß sie immer dann mit solchen Anfällen reagiere, wenn es um Auseinandersetzungen im familiären Leben gehe und die Patientin das Gefühl habe, das was um sie herum passiere, nicht mehr kontrollieren zu können.

Verlauf und Therapie

In einer Paartherapie konnte die Patientin lernen, ihre Wünsche zu artikulieren. Sie erlebte, sich mit Worten durchzusetzen, und daß es daneben notwendig ist, in der Partnerschaft Kompromisse einzugehen und die Bedürfnisse des anderen nicht zu übergehen. Dies führte letztlich zu einer zufriedenstellenden Beziehung. Die Hyperventilations-Symptomatik trat seltener auf.

Die Reizblase

Das für den Bereich des Magen-Darm-Trakts dargestellte kann auch auf andere Hohlorgane, wie etwa die Blase, übertragen werden.

Fallbeispiel

Reizblase (somatoforme autonome Funktionsstörung des Urogenitaltrakts)

Herr Q., ein 54jähriger verheirateter Feuerwehrmann, klagte über seit zwei Jahren bestehende Beschwerden beim Wasserlassen. Er müsse mindestens 15mal am Tag die Toilette aufsuchen und habe auch zwischen den Toilettengängen immer das Gefühl eines Brennens in der Harnröhre bzw. im Bereich der Blase, ohne daß mehrmalige urologische Untersuchungen einen Hinweis auf eine organische Erkrankung in diesem Bereich erbracht hätten. Zudem bemerke er eine deutlich vermehrte Schweißneigung und habe auch immer wieder das Gefühl, daß ihm ein Kloß im Hals stecke. An belastenden Lebensfaktoren konnte herausgearbeitet werden, daß der Patient eine deutliche Beeinträchtigung der Partnerschaft erlebte. Seine Ehefrau beklagte sich zunehmend über seine in Wechselschicht ausgeübte Berufstätigkeit und die vielen Hobbys des Patienten und konsumierte vermehrt Alkohol. Die Lieblingstochter des Patienten hatte geheiratet und einen Partner gewählt, der keine Kinder zeugen konnte, so daß dem Patienten die Perspektive, Großvater zu werden und darin neue Aufgaben zu finden, zunächst verschlossen blieb. Zudem erwies sich auch die berufliche Entwicklung des Sohnes als nicht so günstig wie erwünscht.

Verlauf und Therapie

Im Zusammenhang mit der stationären Psychotherapie des Patienten konnte auch die Ehefrau für eine psychotherapeutische Behandlung ihrer bisher nicht diagnostizierten psychischen Erkrankung gewonnen werden, ein Offenlegen der verschiedenen Konflikte führte zu einer Umorientierung in der Familie. Die körperlichen Beschwerden wurden weniger.

Das Erschöpfungs-Syndrom (Neurasthenie/Chronic Fatigue Syndrome)

Klagen Patienten längere Zeit über anhaltende oder gesteigerte Ermüdbarkeit nach geistiger oder körperlicher Anstrengung (diagnostische Forschungskriterien fordern andauernde Symptome über mindestens drei Monate sowie in dieser Zeit eine deutliche krankheitsbedingte Reduktion der alltäglichen Aktivitäten um mindestens 50%) und liegt keine Depression vor, dann kann die Diagnose *chronisches Erschöpfungssyndrom* oder *chronisches Müdigkeitssyndrom* gestellt werden.

Die Erkrankung wird auch als Neurasthenie bezeichnet, die Anfang dieses Jahrhunderts als eine »Modekrankheit« galt. Damit die Diagnose gestellt werden kann, muß neben der gesteigerten Ermüdbarkeit nach geistiger Anstrengung bzw. Klagen über körperliche Schwäche und Erschöpfung nach geringsten Anstrengungen mindestens eines der folgenden Symptome auftreten:

- akute oder chronische Muskelschmerzen,
- Benommenheit,
- Spannungskopfschmerzen,
- Schlafstörungen,
- die Unfähigkeit, sich zu entspannen, allgemeine Reizbarkeit.
- Die Betroffenen sind nicht in der Lage, sich innerhalb eines »normalen Zeitraumes« durch Ruhe, Entspannung oder Ablenkung zu erholen.

- Ein weiteres Ausschlußkriterium sind Erkrankungen, die mit einer gesteigerten Ermüdbarkeit einhergehen.

Es ist in der Medizin schon lange bekannt, daß eine vermehrte Erschöpfbarkeit durchaus während und infolge von Virusinfekten, wie etwa dem Pfeifferschen Drüsenfieber, auftreten kann. Damals wurde das chronische Müdigkeitssyndrom, englisch »Chronic Fatigue Syndrome«, als Folgeerkrankung einer Virusinfektion eingestuft

Andere Bezeichungen für das chronische Müdigkeits-Syndrom

Lake-Tahoés-Disease
Island Disease
Royal Free Hospital Disease
Postvirales Erschöpfungssyndrom
Chronisches Epstein-Barr-Virus-Syndrom
Chronisches Immundefizienzsyndrom
Myalgische Enzephalomyelitis
Poliomyelitis-Like-Illness
Epidemische Neuromyastenie
Ideopathic Chronic Fatigue
Yuppie Flu

Das chronische Müdigkeitssyndrom war – wie erwähnt – auch im deutschsprachigen Raum nicht unbekannt; neben der Neurasthenie wurden für dieses Krankheitsbild Begriffe gebraucht wie »Neurovegetative Dystonie«, »vegetativ-endokrines Syndrom«, »Vegetatose«, »psychovegetatives Syndrom«, »Effort-Syndrom«, »Febricula«.

Die Ärzte sind sich klar, daß das chronische Müdigkeitssyndrom kein einheitliches Krankheitsbild ist, sondern ein am Leitsymptom Erschöpfung ausgerichteter Sammelbegriff, bei dem sehr häufig Überschneidungen mit verschiedenen anderen Krankheitsbildern, besonders organisch bedingten Erkrankungen, den somatoformen Störungen, den Depressionen oder den Angststörungen vorliegen. Die Notwendigkeit einer psychiatrisch/psychosomatischen Untersuchung gleichzeitig mit einer internistisch-neurologischen Abklärung ist mittlerweile Standard.

In der Praxis werden jedoch die betroffenen Patienten leider selten frühzeitig einem kompetenten Psychosomatiker oder Psychotherapeuten vorgestellt. Ein Problem bei der Differentialdiagnose ist, daß die Erschöpfung oder Müdigkeit als Haupt- oder Nebensymptom bei vielen internistischen oder neurologischen Erkrankungen vorkommen kann.

● Wichtige körperliche Erkrankungen, die mit gesteigerter Erschöpfbarkeit einhergehen können, sind z.B. Erkrankungen des Stoffwechsels, Autoimmunerkrankungen, Infekte oder auch Tumorerkrankungen, Zustände nach Hirn- und Hirnhautentzündungen, Medikamentennebenwirkungen, psychiatrische Erkrankungen wie Psychosen, schwere Depressionen oder Persönlichkeitsstörungen. Um deutlich zu machen, wie Forschungskriterien formuliert werden, sind im folgenden die revidierten Diagnosekriterien des Chronic Fatigue Syndrome, wie sie in der Wissenschaft eingesetzt werden, zusammengestellt.

Diagnose des »Chronic Fatigue Syndrome«

Hauptkriterien

Andauernde oder wiederkehrende Erschöpfung oder leichte Erschöpfbarkeit für mindestens sechs Monate, welche

- nicht durch eine andere Krankheit erklärt werden kann,
- neu aufgetreten ist,
- nicht Folge einer chronischen Belastungssituation ist,
- nicht deutlich durch Schonung und Ruhe zu beheben ist,
- so ausgeprägt ist, daß die Belastungsfähigkeit deutlich reduziert ist.

Nebenkriterien

(Mindestens vier Nebenkriterien müssen mit oder nach Beginn der Erschöpfung eingesetzt und für mindestens sechs Monate angehalten haben)

- Halsschmerzen
- schmerzhafte zervikale oder axilliare Lymphknoten
- Muskelschmerzen
- wandernde, nicht entzündliche Arthralgien (Gelenkschmerzen)
- neu aufgetretene Kopfschmerzen
- Konzentrationsschwierigkeiten und Störungen des Kurzzeitgedächtnisses
- keine Erholung durch Schlaf
- verlängerte (mehr als 24 Stunden) generalisierte Erschöpfung nach früher tolerierten Belastungen.

Entscheidend für die Diagnose des Erschöpfungssyndroms ist, daß der Patient selbst als

- Hauptmerkmal seiner Erkrankung Ermüdbarkeit und Schwäche nennt,
- Sorgen über verminderte geistige und körperliche Leistungsfähigkeit äußert, im Gegensatz zu den anderen somatoformen Störungen, bei denen körperliche Beschwerden und die Beschäftigung mit einer körperlichen Erkrankung im Vordergrund stehen.

Eine chronische Erschöpfung, die nicht ausreichend auf eine körperliche Erkrankung zurückgeführt werden kann, stellt ein oft beobachtetes Phänomen in der allgemeinärztlichen Versorgung dar und wird bei 10 bis 33 % aller Patienten gefunden. Querschnittuntersuchungen zeigen auf, daß etwa 5 % der Bevölkerung die Diagnosekriterien für Neurasthenie erfüllen, die engeren Kriterien eines Chronic Fatigue Syndromes sind jedoch deutlich seltener erfüllt (bei 75 bis 260 Fällen pro 100 000 Einwohner).

● Die Hypothese, daß das Chronic Fatigue Syndrome nach einer Infektion auftritt, gilt heute als widerlegt. Vergleicht man Patienten, die an anderen psychischen Erkrankungen leiden, bei denen die Erschöpfung im Vordergrund steht und Patienten mit Chronic Fatigue Syndrome, unterscheiden sich diese nur dahingehend, daß die Patienten mit Chronic Fatigue Syndrome eine körperliche Erkrankung als ursächlich für ihre Erschöpfbarkeit annehmen. In bezug auf die berichteten körperlichen Beschwerden fanden sich keine Unterschiede zwischen diesen beiden Gruppen.

● Patienten mit Chronic Fatigue Syndrome zeigen Beeinträchtigungen der Funktion des sympathischen und parasympathischen Nervensystems, das sich z.B. in stärkeren Blutdruckschwankungen und anderen Symptomen des autonomen Nervensystems, z.B. vermehrtem Schwitzen, äußert.

● Durch eine breite Berichterstattung über das Chronic Fatigue Syndrome in den Medien kommen die Patienten oft bereits mit der festen Meinung in die ärztliche Praxis, an dieser Erkrankung zu leiden. Damit erklären sich die Patienten selbst viele rätselhafte und lästige Symptome und entlasten sich davon, selbst an den Veränderungen schuld zu sein, da es sich ihrer Meinung nach um eine körperliche Erkrankung handelt, deren Ursache noch nicht bekannt sei.

● Eine völlige Rückbildung der Symptome ist selten, eine Besserung hingegen häufig (ca. 30 %). Bei Patienten, die an zusätzlichen psychiatrischen Erkrankungen leiden, entwickelt sich die Krankheit ungünstiger.

Fallbeispiel

Erschöpfungs-Syndrom/Neurasthenie/Chronic Fatigue Syndrome

Die 19jährige kaufmännische Auszubildende Vera R. berichtete, seit ihrer Erkrankung am Pfeifferschen Drüsenfieber vor einem Jahr praktisch nicht mehr arbeitsfähig gewesen zu sein. Kleinste Anstrengungen würden sie sehr erschöpfen. Früher sei sie Leistungssportlerin gewesen, nun könne sie kaum mehr den alltäglichen Aktivitäten nachkommen. Hinweise für eine manifeste depressive Symptomatik fanden sich nicht. Die Patientin konnte sich jedoch nicht länger in größeren Menschenmengen aufhalten, fühlte sich dort körperlich unwohl, befürchtete in Ohnmacht zu fallen, was sie jedoch nicht auf die Menschenansammlungen bezog.

Verlauf

Als psychischer Belastungsfaktor konnte herausgearbeitet werden, daß die Mutter kurz vor dem Ausbruch der Infektionskrankheit in relativ jungem Alter an einem Bauchspeicheldrüsentumor gestorben war. Die Patientin wünschte keine Psychotherapie. Nachdem sie eine stabile Partnerschaft mit einem etwas älteren, verständnisvollen Mann eingehen konnte, hörten die Beschwerden im Laufe von zwei Jahren ganz auf.

Umweltbezogene Körperbeschwerden

Immer mehr Patienten sind durch das große Interesse der Medien an Umweltthemen selbst häufig davon überzeugt, an Erkrankungen zu leiden, die durch die Umwelt, z.B. durch Elektrosmog, ausgelöst werden oder durch in den Körper eingebrachte Schwermetalle, z.B. durch amalgamversorgte Zähne oder durch Überdüngung der Lebensmittel sowie durch angereicherte Schwermetalle und organische Giftstoffe entstehen. Wegen ihrer Beschwerden suchen die Betroffenen die Ärzte bereits mit der vorgefaßten Meinung auf, daß äußere Faktoren die subjektive Beeinträchtigung bedingen würden.

Die Diagnose »umweltbezogene Körperbeschwerden« kann gestellt werden, wenn

- der Betroffene über verschiedene körperliche Beschwerden klagt, die lokal sein können, wie z.B. Schleimhautveränderungen oder die den ganzen Körper betreffen, wie z.B. Erschöpfbarkeit,
- er die Ursache dieser Beschwerden in der Umwelt sieht und sich wiederholt zur Abklärung an Ärzte wendet,
- klinische, laborchemische Untersuchungen keinen Nachweis überdurchschnittlicher Exposition von Schadstoffen oder körperlich begründbarer Erkrankungen erbringen, die die Beschwerden ausreichend erklären könnten, z.B. allergische Erkrankungen.

Aus ersten Studien in Umweltambulanzen geht hervor, daß nur 4–16 % der Patienten tatsächlich eine statistisch über dem Durchschnitt der Normalbevölkerung liegenden vermehrten Kontakt mit schädlichen Stoffen hatten. Eine nachweisbare Beziehung ließ sich bei höchstens 3 % der Patienten feststellen. Psychische oder psychosomatische Ursachen der Beschwerden sind jedoch sehr häufig.

Was haben umweltmedizinische Untersuchungen ergeben?

Einen wichtigen Aspekt, auf den hier deshalb genauer eingegangen werden soll, stellen die sogenannten umweltmedizinischen Untersuchungen dar. Hierzu ist zu sagen, daß oftmals noch keine Grenzwerte bekannt sind – so wie sie bereits seit vielen Jahrzehnten für Verbindungen wie Arsen (Arsenvergiftung), Blei, oder Thalium vorliegen –, ab wann bestimmte Stoffkonzentrationen, z.b. von Schwermetallen, ursächlich für körperliche Befindlichkeitsstörungen sein können. Angesichts fehlender Grenzwerte und Erfahrungen wurde in dem jungen Gebiet der Umweltmedizin ein in der medizinischen Welt durchaus gebräuchlicher Ansatz gewählt, nämlich der, sich zunächst anhand einer Stichprobe die Verteilung der Konzentrationen zu betrachten. Erwartungsgemäß wird es eine große Gruppe geben mit mittleren Konzentrationen, kleine Gruppen mit jeweils geringeren und höheren Konzentrationen. Anhand von statistischen Grenzwerten werden dann diejenigen erhöhten Werte als krankhaft angesehen, die weniger als 10 % der Patienten haben. Damit hat man einen künstlichen pathologischen Laborwert erzeugt. Eine Beziehung zwischen beklagten Beschwerden und diesem Laborwert kann deswegen noch lange nicht mit Sicherheit angenommen werden.

Die Gefahr für die Patienten liegt darin, daß diese durch einen Befund, der ihnen erhöhte Werte bestätigt, bestärkt werden, weitere Maßnahmen vornehmen zu lassen, z.B. den Austausch von Zahnplomben.

Man könnte an dieser Stelle nun entgegnen »…wenn es denn hilft«, und oftmals wird auch von denjenigen Ärzten, die solche Behandlungsmaßnahmen durchführen, argumentiert, daß Patienten von den Eingriffen oder Behandlungen profitiert hätten.

Dabei wird aber gänzlich außer acht gelassen, daß die umwelt-bezogenen Körperbeschwerden eigentlich zu den somatoformen Störungen gezählt werden können. Diese sind durch Methoden der psychotherapeutischen Medizin zu behandeln, allerdings oh-ne daß amalgamhaltige Zahnplomben ausgetauscht werden müssen, wenn keine medizinische Notwendigkeit dazu besteht.

In diesem Zusammenhang können von den Patienten auch Be-schwerden wie Gedächtnis- oder Konzentrationsstörungen oder depressive Verstimmung beklagt werden. Diese werden von den Patienten üblicherweise aber nicht als psychisch, sondern regel-haft auf eine körperliche Ursache bezogen gesehen.

● Patienten mit umweltbezogenen Körperbeschwerden leiden im Vergleich zu Patienten mit anderen somatoformen Störun-gen jedoch häufiger unter psychischen bzw. neuropsychologi-schen Beschwerden wie Gedächtnis- oder Konzentrationsstörun-gen, Erschöpfbarkeit oder Müdigkeit, seltener unter Schmerzen.

● Regionale Häufungen einzelner Syndrome sind zu beobach-ten, z.B. amalgambezogene Beschwerden in Deutschland oder die Multiple Chemical Sensitivity (vielzählige Sensibilität gegen Chemikalien) in den Vereinigten Staaten.

Umweltbezogene Körperbeschwerden können unterschiedlich eingeteilt werden: Eine Form der Klassifizierung bezieht sich auf die Anzahl der vom Patienten als schädlich angenommenen Stof-fe; daraus leiten sich in der Folge unterschiedliche Vermeidungs-verhalten ab. Die Palette reicht von der ausschließlichen Vermei-dung eines einzigen Holzschutzmittels bis hin zu einer generali-sierten Überempfindlichkeit, die sich z.B. in einer Geruchsaver-sion manifestieren kann, und mit einer durch Reizstoffe aus-gelösten Krankheit erklärt wird.

Das Erklärungsmodell des Untersuchers oder Behandlers hat ei-ne hohe klinische Bedeutung, denn trifft es das Modell, das sich der Patient zurechtgelegt hat, kann dies das therapeutische Bündnis verstärken und zu einer Verbesserung der Behandlungsallianz zwischen Arzt und Patient führen. Die Folge ist, daß der Patient die Vorschläge des Arztes übernehmen wird, was mit der therapeutischen Empfehlung der weitgehenden Vermeidung schädigender Stoffe dann erhebliche Folgen mit sich bringen kann, wie z.B. Umzüge, finanzielle Belastungen für Umbauten, soziale Isolation.

Umgekehrt gibt es das Problem, daß Untersucher oder Behandler, die ausschließlich psychogene Mechanismen für das Entstehen der Beschwerden heranziehen und die Patienten mit den entsprechenden Modellen konfrontieren, von diesen abgelehnt werden. Es kommt dann sehr schnell zum Kontaktabbruch, da der Patient die Differenz zwischen seinem eigenen und dem Erklärungsmodell des Therapeuten als ein Nicht-ernstnehmen seiner Leiden versteht.

Im folgenden soll nun auf die einzelnen Erkrankungstypen eingegangen werden.

»Multiple Chemical Sensitivity«-Syndrom (MCS)

Andere Begriffe sind »Environmental Illness«, »Total-Allergy-Syndrome«, »Twenty-Century-Disease«. Im deutschsprachigen Raum ist eher die englische Bezeichnung gebräuchlich. Da der Begriff MCS eine reale chemische Überempfindlichkeit annimmt, die bisher noch nicht nachgewiesen werden konnte, wurde von einer Expertenrunde der WHO 1996 der Begriff »Ideopathic Environmental Intolerances« empfohlen.

Die Patienten geben eine Vielzahl von wiederkehrenden Körperbeschwerden an, die von den Betroffenen als Reaktion auf eine Vielzahl von chemischen Substanzen in der Umgebung angesehen werden. Müdigkeit, Konzentrationsstörungen, Herzrasen, Atemnot, Angst, Kopfschmerzen, Magenbeschwerden, Schwindel und Muskelverspannungen stellen die häufigsten Beschwerden dar. Die Diagnosekriterien des MCS-Syndroms sind in der Literatur allerdings nicht einheitlich. Es gibt relativ enge Kriterien, die aber in den wenigsten Arten und insbesondere von den Praktikern immer genau beachtet werden.

Kriterien eines Multiple Chemical Sensitivity-Syndroms

1) MCS ist erworben in zeitlichem Bezug zu einer dokumentierbaren Umweltexposition.
2) Die Symptome betreffen mehr als ein Organsystem und variieren in Abhängigkeit von vorhersehbaren Umweltreizen.
3) Symptome werden durch Expositon gegenüber nachweisbaren, aber nur gering konzentrierten Chemikalien hervorgerufen.
4) Die Manifestationen von MCS sind subjektiv, ohne objektives Vorliegen einer Organschädigung oder Fehlfunktion.

Wie schon bei den Symptomen deutlich wird, gibt es Überlappungen der Krankheitsbilder mit dem vorher beschriebenen chronischen Müdigkeitssyndrom oder auch der Fibromyalgie (siehe Seite 72). Da keine verbindliche Krankheitsdefinition vorliegt, gibt es auch keine eindeutigen Zahlen darüber, wie häufig die Störung auftritt. Geschätzt wird, daß etwa 2 bis 10 % der Allgemeinbevölkerung daran leiden. Allgemein wird angenommen, daß MCS-Patienten eine höhere Anfälligkeit für andere psychische Störungen wie Depression, Angst oder somatoforme Störungen zeigen. Diese Störungen sollen auch schon vor Auftreten der MCS (in etwa der Hälfte der Fälle) gehäuft auftreten. Losgelöst von dem Gedanken eines rein biologischen oder psychogenen Modells erscheint folgende Klärung hilfreich: Das MCS-Syndrom kann als ein derzeit in unserer Gesellschaft akzeptiertes Krankheitsmodell verstanden werden, das dazu dient, unspezifische Körperbeschwerden zu erklären, die zu anderen Zeiten oder in anderen Gegenden andere Namen erhalten hätten.

Man kann sich auch folgendes vorstellen: Manche Heilpraktiker, Ärzte oder die Medien bieten ein Erkrankungsmodell an, das von den Patienten aufgegriffen wird und eine Veränderung des Lebensstils zur Folge hat. Aus diesem Erklärungsmodell folgt nun schlüssig die Vermeidung der schädlichen Stoffe, der Einsatz von bestimmten Reinigungsritualen oder der Einsatz von speziellen

Therapieangeboten, wie etwa aus wissenschaftlicher Position nicht wirksamen »Ausleitungsbehandlungen«. Das Befolgen der Ratschläge führt dazu, daß die Beschwerden zunächst aus der Sicht der Betroffenen und der jeweiligen Behandler als bewältigt erscheinen.

Unabhängig davon ist die Auslösesituation von Faktoren wie eine eintönige Arbeitsumgebung, Anspannungssituationen im beruflichen Bereich, Isolation, Medienberichte über MCS oder plötzlich auftretende Gerüche flankiert. Der Zustand wird stabilisiert durch die soziale Akzeptanz des Krankheitsmodells im näheren Umfeld des Patienten.

Amalgambezogene Beschwerden
Unbestritten ist, daß hohe Konzentrationen von Quecksilber im Körper schädlich sind. Die Konzentrationen, die im Zusammenhang mit Amalgam-Zahnfüllungen freigesetzt werden und von den Patienten als Erklärung für unspezifische Körperbeschwerden herangezogen werden, liegen jedoch deutlich unter den festgestellten schädlichen Werten. Deshalb werden neben den direkt toxischen auch allergische oder galvanisch-elektrochemische Wirkungsmechanismen zur Erklärung herangezogen. Bisher konnten diese Hypothesen aber nicht experimentell bestätigt werden.

Belegt ist jedoch, daß Patienten, die über amalgambezogene Beschwerden klagen, gehäuft an somatoformen Störungen oder Angsterkrankungen leiden. Empfehlungen von einschlägigen Behandlern, die ebenfalls an die Zusammenhänge zwischen Quecksilber und Körperbeschwerden glauben, führen zur Zahnsanierung oder aufwendigen »Quecksilberausleitungsbehandlungen«. Dies entspricht im Endeffekt zunächst einmal der Krankheitsüberzeugung der Patienten oder fördert diese sogar; damit kann es auch zu einer Verschlechterung der Symptomatik und zu körperlichen Folgeschädigungen kommen.

Fallbeispiel

Umweltbezogene Körperbeschwerden

Herr S., ein 36jähriger Ingenieur aus Schwaben, wurde von der medizinischen Klinik in die psychosomatische Abteilung überwiesen. Er hatte bereits sechs Jahre zuvor erstmalig Schmerzen im Bereich der Brust und ein Herzstolpern verbunden mit körperlichem Unwohlsein erlebt, das ihn zunächst veranlaßte, eine organische Diagnostik durchführen zu lassen. Da sich kein pathologischer Befund abgezeichnet hatte, versuchte er auch alternative Behandlungsmaßnahmen. Nachdem eine Akupunkturbehandlung ohne größeren Erfolg durchgeführt wurde, konnte ihm sein Zahnarzt ein Krankheitsmodell vermitteln, das dem Patienten zunächst eingängig war. Die Beschwerdesymptomatik wurde auf das Vorliegen einer Vielzahl von Amalgamfüllungen zurückgeführt. Einem Austausch der Plomben folgte dann tatsächlich eine Phase mehrjähriger relativer Beschwerdefreiheit. Als sich erneut die körperlichen Probleme einstellten, hatte der Patient die Vermutung, daß diese im Zusammenhang mit den Stoffen stünden, die in der Werkhalle, in der er beschäftigt ist, eingesetzt werden, z.B. Formaldehyd. Toxikologische Untersuchungen des Bluts des Patienten und der Raumluft am Arbeitsplatz konnten die Vermutung nicht bestätigen.

Die Lebensgeschichte des Patienten beinhaltete einen frühen Verlust der Mutter, die plötzlich an einer möglicherweise herzbedingten Erkrankung verstarb, eine psychische Erkrankung des Onkels, deren Symptome der Patient als Kind als sehr beängstigend und einen tiefen Eindruck hinterlassend erlebte und die in ihm Befürchtungen auslösten, er könne ebenfalls im Laufe seines Lebens an einer solchen Erkrankung leiden. Die bei der erstmaligen Durchuntersuchung wegen der Herzbeschwerden von der Ärztin damals formulierte Diagnose »Herzneurose« konnte der Patient zu diesem Zeitpunkt nicht akzeptieren und hatte sie aus seiner Wahrnehmung völlig verdrängt.

Verlauf und Therapie

Rückblickend konnte mit dem Auftreten der ersten Beschwerden eine Krise in der weiteren Familie des Patienten in zeitlichen Zusammenhang gebracht werden; die aktuelle Krise ließ sich auf eine Entscheidung gegen einen weiteren Aufstieg in der Firma, der mit einer Versetzung an einen anderen Ort verbunden gewesen wäre, begründen.

Dem Patienten gelang es, nun bewußter abzuwägen und für seine Ziele, nämlich das Familienleben in den Vordergrund zu stellen, einzutreten. Im Zuge einer vermehrten Übernahme von erzieherischen und häuslichen Aufgaben rückten die Beschwerden in den Hintergrund.

Unser Fazit zu den umweltbezogenen Beschwerden

Eine frühzeitige Integration psychosomatisch-psychotherapeutischer diagnostischer Verfahren in eine umweltmedizinische Abklärung wird, so belegen auch Studien, von den betroffenen Patienten gut aufgenommen und kaum verweigert. Im Gegensatz dazu wird die direkte Überweisung in die Psychosomatik, die häufig erst am Ende der umweltmedizinischen Abklärung erfolgt, oft abgelehnt.

Vermeintliche Nahrungsmittelallergien

Erkrankungen, die eine große Ähnlichkeit mit den umweltbezogenen Ängsten und Körperbeschwerden haben, obwohl die Erkrankten nicht primär Umweltschadstoffe, sondern Nahrungsmittel für die Beschwerden verantwortlich machen, sind die Nahrungsmittelallergien. Tatsächlich gibt es einige Patienten, bei denen die Einnahme abgrenzbarer und genau bestimmbarer Nahrungsstoffe allergische Reaktionen bedingen können, die zum Teil direkt in der Darmschleimhaut oder auch im ganzen Körper nachweisbar sind, z.B. in Form einer Hauterscheinung oder eines Asthmaanfalles. Diese Erkrankungen sind in der Regel jedoch sehr selten und lassen sich durch antiallergische Medikamente beseitigen.

● Eine ausgeklügelte und konsequent eingehaltene Testdiät kann dazu beitragen, eine Nahrungsmittelallergie zu belegen oder auszuschließen. Eine Kartoffel-Reis-Diät (ungewürzt) und das ausschließliche Trinken von ungesüßtem Tee oder Mineralwasser muß – liegt eine Nahrungsmittelallergie vor – nach einigen Tagen zur Beschwerdefreiheit führen. Dann kann gestuft der Zusatz unterschiedlicher Nahrungsstoffe in roher oder gekochter, zunächst ungewürzter Form, dann unter Zusatz von Gewürzen, versucht werden, um die Reaktion auf die zusätzlich zugeführten Lebensmittel zu beobachten. Zwischen dem Ausprobieren der verschiedenen Nahrungsstoffe ist es immer wieder notwendig, einige Tage eine ausschließliche Kartoffel-Reis-Diät zu machen, um Spätwirkungen der Lebensmitteln ausschließen zu können.

● Lassen sich die Symptome durch eine gezielte Diät nicht beseitigen, so ist eine somatoforme Störung anzunehmen, die anhand einer genauen Aufschlüsselung der Symptome weiter eingegrenzt werden muß.

Eine im alternativen Bereich relativ häufig eingesetzte Methode zur Diagnostik von sogenannten »Nahrungsmittelallergien oder Medikamentenunverträglichkeiten« stellt die Mora- oder auch Bioresonanz-Therapie (auch Bicom-Methode genannt) dar. Sie dient zum Nachweis »feinstofflicher« oder elektromagnetischer Schwingungen des Körpers und ihrer Interaktion mit verschiedenen Stoffen, die auch »feinstoffliche« Schwingungsmuster haben sollen. Dieser Ansatz entbehrt jeder wissenschaftlichen Grundlage. Behandlungserfolge sind, wie weiter unten aufgeführt, jedoch durchaus möglich und lassen sich allein auf die in diesem Einzelfall geglückte Arzt-Patient-Interaktion zurückführen. Es kann allerdings zu Rückfällen kommen. Häufig ist es so, daß die Patienten zunächst einmal selbst von der Behandlungsmethode überzeugt sind, sich aber nach meist mehreren Mißerfolgen davon abwenden.

Pilzerkrankungen des Darmes

Patienten mit somatoformen Störungen geraten immer wieder an Ärzte oder Heilpraktiker, die eine Darmbesiedelung mit dem Pilz »Candida albicans«, einem Lebewesen, das normalerweise in geringen Konzentrationen bei jedem Menschen im Bereich der Verdauungsorgane vorkommt, für die Beschwerden verantwortlich machen. Aufwendige Darmsanierungen mittels Chemotherapeutika oder Ausleitungen, die teilweise mit homöopathischen, teilweise mit esoterischen Krankheitsmodellen begründet werden, werden von manchen Patienten – ähnlich wie bei den oben aufgeführten Pseudo-Nahrungsmittelallergien oder den umweltbezogenen Ängsten und Körperbeschwerden – gerne angenommen.

Auch hier läßt sich festhalten, daß Berichte über Besserungen der Symptomatik im Zusammenhang mit solchen Behandlungen – auch aus einem psychosomatischen Krankheitsverständnis heraus – durchaus erklärbar sind. Das Problem an solchen, wie es die Fachleute nennen »Übertragungsheilungen«, die durch psychologische Phänomene erklärt werden können, sind erneute spätere Verschlechterungen. Eine geeignete Psychotherapie führt dagegen zu einem dauerhaften Erfolg. Zudem finden sich bei den Psychotherapien auch sehr stabile Behandlungsergebnisse. Aus wissenschaftlicher Sicht sollte eine aufrichtige Arzt-Patient-Beziehung nicht unwissenschaftliche, pseudowissenschaftliche oder an Glaubensmodellen orientierte Erkrankungsmodelle zur Basis haben, insbesondere, wenn die darauf begründeten Behandlungsansätze schwerwiegende Folgen, z.B. Nebenwirkungen bei der chemotherapeutischen Beseitigung der Pilze im Darm, haben können.

»Bin ich der einzige?«
Zur Häufigkeit organisch nicht ausreichend erklärbarer Beschwerden

Befindlichkeitsstörungen sind ein weitverbreitetes Phänomen. Es gibt Querschnitterhebungen mit über 20 000 Teilnehmern, bei denen deutlich wurde, daß im Prinzip zu jedem Zeitpunkt etwa ein Drittel der Bevölkerung an Befindlichkeitsstörungen, die sich dem Magen-Darm-Trakt zuordnen lassen, leidet. Befragt man Menschen rückblickend auf die letzten sechs Monate, beklagen je nach Altersgruppe bis zu 40 % zeitweise Schmerzen im Bereich des Rückens.

Auch psychische Symptome treten in der Bevölkerung im Querschnitt häufig auf. Etwa ein Viertel aller Menschen berichten, beim Besteigen höherer Gebäude Angstgefühle zu entwickeln; etwa 10 % leiden an Phobien. Auch Gefühle, die dem Formenkreis der Depression zugeordnet werden können (zur Bedeutung von Depressionen siehe auch Seite 147), sind relativ häufig; etwa 5 % berichten über Phasen anhaltender Mißmutigkeit, gedrückter Stimmung, Veränderungen der Lebenslust, des Antriebs oder des Wunsches, Pläne in die Tat umzusetzen.

Für die Befindlichkeitsstörungen, wie sie im zweiten Teil des Buches beschrieben werden, gilt zunächst, daß sie sich im Laufe von wenigen Wochen wieder zurückbilden und von dem Betroffenen nicht mehr mit sorgenvollen Gedanken verknüpft oder als belastend erlebt werden. Dies muß nicht unbedingt heißen, daß die Veränderungen wieder vollständig verschwinden; d.h., es können Restbeschwerden übrigbleiben, die nicht mehr als besorgniserregend erlebt werden.

Deshalb sucht die Mehrzahl der Menschen mit solchen Beschwerden keinen Arzt auf und sie treten nicht als Patienten in Erscheinung.

Wie die Psyche den Körper beeinflußt

Wie lassen sich somatoforme Störungen erklären? Was sagt die Forschung dazu? Lernen Sie in diesem Kapitel Erklärungsmodelle für die wichtigsten Symptome kennen. Sie wurden auf der Grundlage der neuesten wissenschaftlichen Erkenntnisse zusammengestellt und sollen dem besseren Verständnis der Beschwerden dienen.

Besonderes Augenmerk wird auf das Nervensystem als Steuerungszentrum sowie das Zusammenspiel von Nervensystem, Sinnesorganen und Körper gelegt. In diesem Kapitel finden Sie auch Antwort auf die Frage, wie sich äußere Einflüsse auf die Psyche auswirken.

Physiologische und anatomische Grundlagen

Die Rolle des Nervensystems als selbständiges Steuerungszentrum

Sie haben sicher schon einmal Abbildungen von dem Skelett oder den inneren Organen eines Menschen gesehen. Oft wird aus diesen Abbildungen nicht ersichtlich, daß es sich bei den Organen nicht nur um Strukturen handelt, sondern um durchblutete, komplexe Systeme von Nerven, die von Hormonen, also Botenstoffen, welche aus Drüsen stammen, und Neurotransmittern, also Botenstoffen, die in Verbindung mit dem Nervensystem stehen, die sich gegenseitig beeinflussen.

Zum Teil wird die Koordinationsfunktion der Organe schon von Nervenzentren besorgt, die nicht dem zentralen Nervensystem, also letztendlich dem Gehirn, zuzuordnen sind, sondern durch Nervenzellanhäufungen im Bereich der Organsysteme liegen. Beim Darm liegen diese direkt in der Darmwand.

Daneben können sogenannte *afferente und efferente Nervenbahnen* (siehe Abbildung 1, Seite 91) unterschieden werden:

Afferente Nervenbahnen   Das sind Nerven, die Informationen zu den Schaltstellen bzw. zum Gehirn leiten, z.B. Empfindungen oder Informationen über entzündliche Veränderungen, die letztendlich auch in Schmerzsensationen im Gehirn umgesetzt werden können.

Efferente Nervenbahnen   So heißen die Nervenbahnen, die aus dem zentralen Nervensystem oder den an anderen Stellen im Körper angeordneten Regulationszentren, die auch wieder miteinander verbunden sind, stammen. Über diese werden Befehlsimpulse weitergegeben, z.B. an die Muskeln des Skeletts, in den Gefäßwänden oder den einzelnen Organen wie der Harnblase, der Gallenblase oder des Magens.

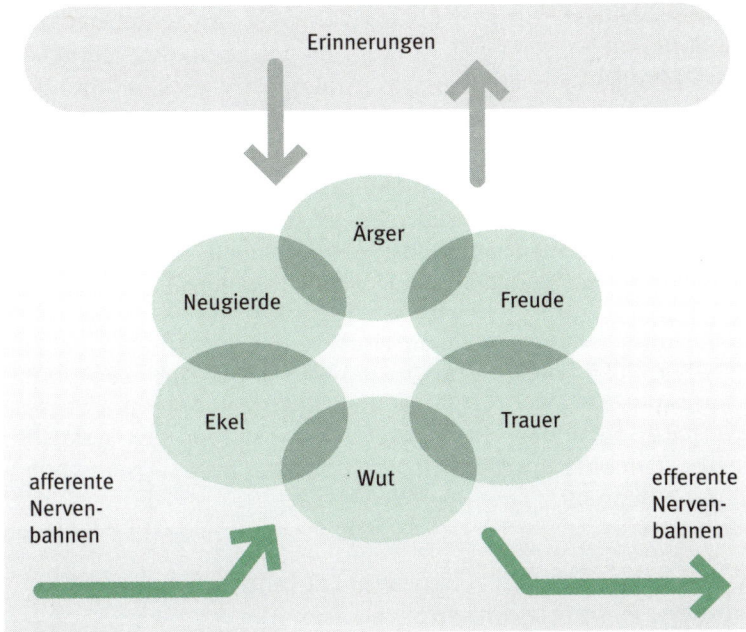

Abb. 1

Vegetatives Nervensystem

Unser Körper besteht aus unterschiedlichen Zellgruppen, u.a. aus Muskelzellen, Schleimhautzellen und Nervenzellen.

Nervenzellen stehen untereinander in enger Verbindung und dienen der Informationsweiterleitung und -verarbeitung. Grundsätzlich unterscheidet man zwei Hauptsysteme: Das willkürliche Nervensystem, welches beispielsweise für die Vermittlung von Bewegung zuständig ist, und das autonome Nervensystem, das der Steuerung von Prozessen dient, die das innere Milieu des Körpers erhalten. Während das Willkürsystem anatomisch gesehen im wesentlichen im Hirn und Rückenmark zu lokalisieren ist, finden sich Zellverbände des autonomen Nervensystems bis weit in die Peripherie hinein. So können beispielsweise Bewegungen des Darmes von Nerven peripherer Ganglien

(Nervenzellnester im Gewebe) unabhängig von zentralnervösen Beeinflussungen geregelt werden. Es bestehen aber zahlreiche Verbindungen zwischen dem zentralen Nervensystem und dem vegetativen Nervensystem, so daß zentralnervöse Signale durchaus auch Einfluß auf die autonomen Prozesse haben können (siehe Abbildung 2, Seite 93). Im Stammhirn sind die Hauptregulationszentren des vegetativen Nervensystems untergebracht. Im Mittelhirn sind die Hirnstrukturen angesiedelt, die einen wichtigen Beitrag zu dem leisten, was wir letztendlich als Gefühle erleben.

Grundsätzlich kann man sich vorstellen, daß das vegetative Nervensystem von zwei verschiedenen Typen von Nerven, den parasympathischen, den eher dämpfenden also, und den sympathischen, den eher anregenden Nervenzellen, besteht (siehe Abbildung 3, Seite 95)

Der Stellenwert der Körperwahrnehmung und der Aufmerksamkeit

Sehr viele dieser Regulationsmechanismen nehmen wir nicht bewußt wahr. Die Strukturen und auch die Steuerung sind von Geburt an nicht gleich perfekt ausgebildet, sondern müssen sich erst entwickeln. In jeder Entwicklungsphase kann es zu Störungen des Systems kommen. Wir können uns vorstellen, daß ein Säugling eine Vielzahl von körperlichen Empfindungen deutlicher wahrnimmt, sie aber zunächst nicht richtig zuordnen kann. Als Beispiel seien Stuhl- oder Harndrang genannt.

Häufig bemerken wir in der zivilisierten Welt unseren Körper nur noch dann, wenn er schmerzt.

Das Zusammenspiel von Wahrnehmung, körperlichen Vorgängen und strukturellen Bedingungen

Bei genauerem »Hinspüren« wird aber deutlich, daß wir zu jedem Zeitpunkt unseres Lebens eine Vielzahl von Lebensäußerungen empfinden:

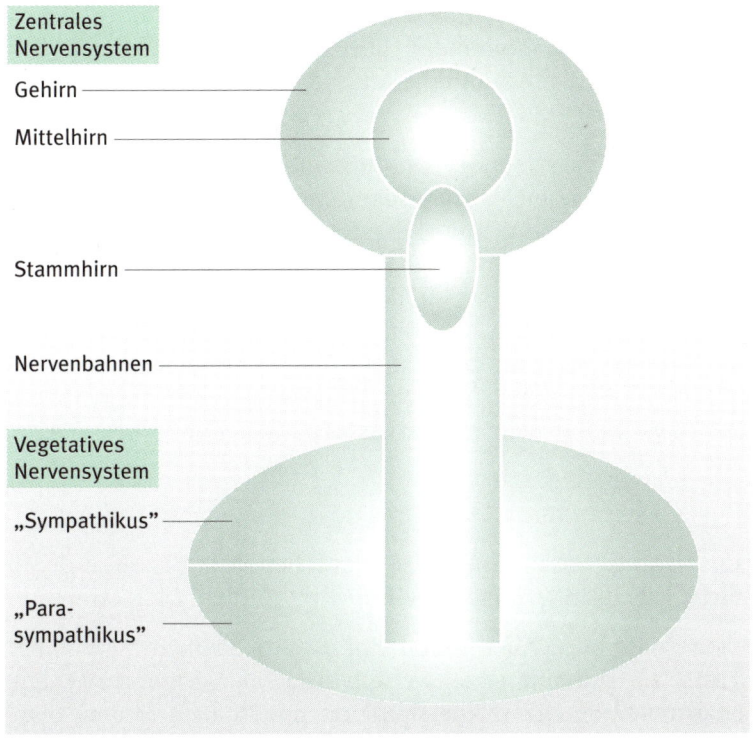

Zentrales
Nervensystem

Gehirn ————————————

Mittelhirn ——————————

Stammhirn ——————————

Nervenbahnen ————————

Vegetatives
Nervensystem

„Sympathikus" ——————

„Para-
sympathikus" ——————

Abb. 2

● Wir atmen, das bedeutet, daß sich unser Brustkorb hebt und senkt; das Strömen der Luft durch die oberen Atemwege können wir manchmal als beeinträchtigt erleben, z.B. bei einer Erkältung. Wir spüren, daß bei Veränderungen der Luftstrom nicht mehr so gut passieren kann, wie wir es gewöhnt sind.

● Wir spüren unseren Herzschlag und das Pulsieren unserer Blutgefäße, hören vielleicht in einem stillen Raum, wie unser Blut durch die Halsschlagadern strömt.

● Wir können Darmgeräusche hören, z.B. ein Gluckern, das entsteht, wenn sich manche Darmabschnitte zusammenziehen und Luft sowie Flüssigkeit, die sich natürlicherweise im Magen-Darm-Trakt befinden, weitertransportiert werden. Andere

Geräusche entstehen ähnlich wie Töne bei Saiten- oder Blasinstrumenten bzw. Trommeln, also durch das Schwingen von mehr oder weniger durch die Muskulatur gespannten Schleimhautfaltungen.

Die hier beschriebenen »Lebensäußerungen«, wie wir sie nennen möchten, hat jeder Mensch. Allerdings ist es durchaus so, daß deutliche individuelle Unterschiede bestehen. Lebensmittel können von verschiedenen Menschen unterschiedlich vertragen werden, weil sie sich etwa in der Ausstattung von Enzymen unterscheiden und mit mehr oder weniger Gasbildung verbunden sein können, was aber noch lange keinen Krankheitswert haben muß, so ähnlich wie es eben eher hellhäutige und dunkelhäutige, braun-, blond- oder rothaarige Menschen gibt.

Vom »Unwohlsein ...«

Nun kann es vorkommen, daß Menschen sich zeitweise durch solche Lebensäußerungen beeinträchtigt fühlen. Dies kann

- einerseits tatsächlich durch eine Funktionsänderung bedingt sein, z.B. durch eine zeitweise bestehende vermehrte Magen-Darm-Beweglichkeit, die sich letztendlich auch in dem Symptom eines dünneren Stuhlgangs zeigen kann, der für sich noch keinen Krankheitswert haben muß, aber den einzelnen Menschen in seiner Befindlichkeit beeinträchtigen kann,
- andererseits können normale physiologische Veränderungen als beeinträchtigend wahrgenommen werden.

Diese Veränderung haben oft eine einfache und plausible Erklärung. Durch verschluckte Luft – die auch unbewußt aufgenommen werden kann – oder durch das Trinken eines kohlensäurehaltigen Getränkes können wir, wenn sich in der Wärme des Körpers das Gas ausdehnt, ein Druckgefühl im Bereich des Magens wahrnehmen.

Schwankungen der Geschwindigkeit der Herzschläge beispielsweise, die grundsätzlich jeder Mensch hat, können oft durch relativ einfache Phänomene erklärt werden. Neben dem Einfluß körperlicher Belastung oder einer Übererregung des vegetativen

Nervensystems, die nicht bewußt sein muß, kann sich etwa verschluckte Luft im Magen sammeln. Dadurch bläht sich der Magen auf, verlagert sich in Richtung linker Brustraum und drückt von unten an das Herz. Dieses kann aufgrund des Druckes mit einem veränderten Herzrhythmus reagieren, was der einzelne

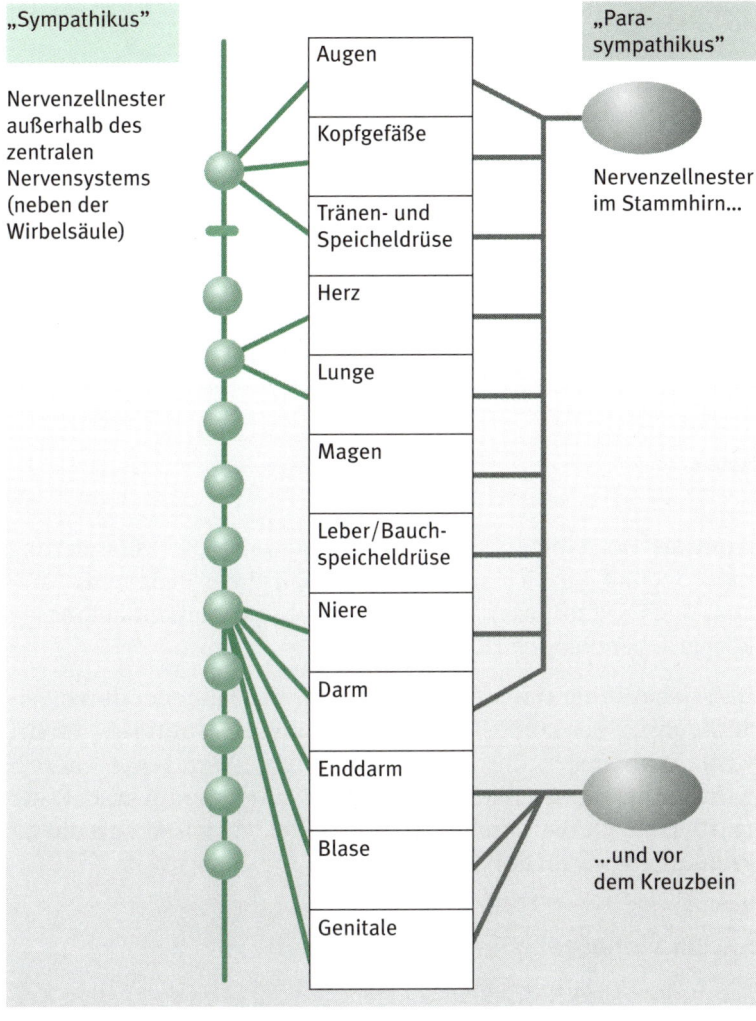

Abb. 3

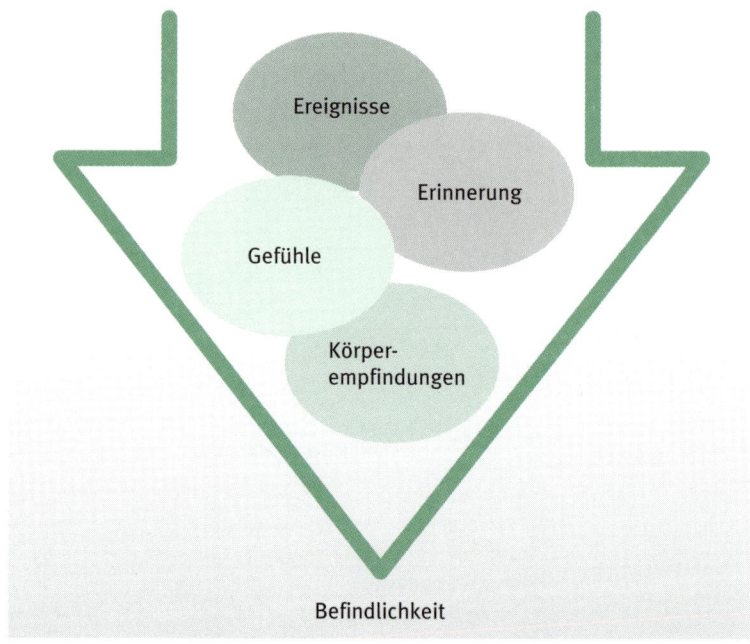

Abb. 4

dann als Herzstolpern wahrnehmen kann. Diese Veränderung muß an und für sich noch keine Gefährdung bedeuten, kann aber doch dazu führen, daß sich die Aufmerksamkeit auf diesen körperlichen Bereich richtet.

Daß sich Aufmerksamkeit im Körper lenken läßt oder durch Veränderungen der körperlichen Funktion oder Strukturen geführt wird, kennt jeder, der einmal einen Schnupfen hatte. Hierbei wird immer wieder zwischenzeitlich wahrgenommen, daß der Luftfluß durch die Nase nicht mehr so ist wie vorher, als die Erkrankung noch nicht bestanden hatte.

... zum Symptom

Symptome sind Krankheitszeichen. Darunter versteht man Veränderungen im Körper, die von einer Norm, also dem in der Regel Vorzufindenden, abweichen.

Krankheitsbilder sind durch das typische Vorliegen von mehreren Symptomen gekennzeichnet.

Befindlichkeitsstörungen werden dann zu Symptomen, wenn die Kombination dieser Befindlichkeitsstörungen auf Krankheitsbilder hinweist und die Betroffenen deswegen Hilfsmaßnahmen ergreifen oder Hilfe suchen, etwa in der Apotheke oder beim Arzt.

Nun können wir verstehen, daß auch das anhaltende Lenken der Aufmerksamkeit auf körperliche Vorgänge bzw. die damit verbundenen Denkmuster Symptome sein können, wie sie insbesondere für die Diagnose der Krankheitsbilder zutreffen, die den Untergruppen der somatoformen Störungen zuzuordnen sind.

Alle Wahrnehmungen oder erinnerten Wahrnehmungen sind auch mit Gefühlen verbunden, wobei es hier auch ein komplexes Wechselspiel zwischen den Wahrnehmungen im Bereich des Körpers und den Gefühlen, also Angst, Wut, Ärger oder Trauer, aber auch Freude und Neugierde geben kann und umgekehrt. Auch durch äußere Einflüsse bedingtes seelisches Erleben, z.B. Trauer im Zusammenhang mit dem Verlust eines Menschen oder Ärger in der Partnerschaft, kann sich auf der körperlichen Ebene bemerkbar machen und »Unwohlsein« bedingen (siehe Abbildung 4 und Abbildung 5, Seite 103).

● Es gibt besonders typische oder häufige Symptome ohne ausreichende körperliche Erklärung. Diese sind fast alle – und zwar jedes für sich – relativ häufig.

● Daneben sind unterschiedliche Gruppierungen von diesen Beschwerden

• in verschiedenen Konstellationen und
• mit unterschiedlichem Verlauf

zu beobachten. Sie sind in der Abbildung 5 (Seite 103) aufgeführt und werden im folgenden Text noch genauer erläutert. Hier werden auch die Zuordungsmöglichkeiten zu den häufigsten psychosomatischen Krankheitsbildern gezeigt.

Zum Begriff »psychogene Störungen«

Sie zeichnen sich durch Symptome aus, die nicht im Zuge einer organischen Veränderung entstehen, sondern einen Mechanismus als Grundlage haben, der als seelischer Prozeß angesehen werden kann. Häufig ist insbesondere für unbeteiligte Beobachter relativ klar ersichtlich, daß dem Betroffenen im direkten zeitlichen Vorfeld des ersten Auftretens der Symptome ein schweres Leid widerfahren ist, etwa der Verlust einer wichtigen Bezugsperson oder ein seelisches Trauma (Gewaltverbrechen oder ähnliches). Manchmal läßt sich auch ein bewußter oder unbewußter Konflikt finden, z.B. eine anstehende schwerwiegende Entscheidung. Beispiele für solche Belastungen zeigt der Featurekasten »Schweregrad psychosozialer Belastungsfaktoren«.

Neben der seelisch bedingten Krankheit, die zu den neurologischen Krankheitsbildern gezählt wird, können auch Schmerzsyndrome und vegetative Störungen wie psychogenes Erbrechen, psychogene Schlafstörungen etc. abgegrenzt werden.

Schweregrad psychosozialer Belastungsfaktoren

	akute Ereignisse	längerdauernde Lebensumstände
leicht	Auseinanderbrechen der Freundschaft mit Freund oder Freundin Schulbeginn oder Abschluß Kind verläßt Elternhaus	Familiäre Streitigkeiten Unzufriedenheit mit der Arbeit
mittel	Heirat Trennung von Ehepartnern Pensionierung oder Arbeitsplatzverlust andere Mißerfolge	Eheprobleme schwerwiegende finanzielle Probleme Ärger
schwer	Scheidung Geburt des ersten Kindes	Arbeitslosigkeit Armut

sehr schwer	Tod eines nahen Verwandten Diagnose einer schweren Erkrankung Opfer einer Vergewaltigung	eigene schwere chroni- sche Erkrankung oder Erkrankung eines Kindes fortwährende körper- liche Mißhandlung oder sexueller Mißbrauch
katastro- phal	Tod eines Kindes Selbsttötung eines nahen Angehörigen	Gefangennahme als Geisel Erfahrung im Konzen- trationslager

Schmerzen aus psychosomatischer Sicht

Der Eindruck des Schmerzes entsteht im Gehirn. Ob wir Schmerzen als drückend, stechend, brennend, dumpf oder pulsierend empfinden, ist abhängig von den Nervenzellen, die stimuliert werden, und von dem einwirkenden Reiz, aber auch von unserem Bewußtsein. Bis die Meldung einer Information aus der Peripherie des Körpers, also z.B. von den Füßen oder der Hand, die Gehirnoberfläche erreicht, muß sie bis zu 2 Metern Entfernung zurücklegen. In der Wahrnehmungspsychologie sprechen wir von der »Schrecksekunde«, d.h. der Zeit, die vom Aufnehmen einer Information, deren Verarbeitung bis zur Reaktion vergeht. Einen Teil dieser Zeit beansprucht die direkte Weiterleitung im Nervengewebe, das Impulse im Vergleich deutlich langsamer als Telefonleitungen übermittelt, nämlich mit etwa – je nach Typ des Nervengewebes – zwischen 6 und 20 Metern pro Sekunde, also maximal etwa 70 Stundenkilometern. Da allerdings nur recht kurze Entfernungen, die oft im Zentimeterbereich liegen, zurückgelegt werden müssen, können wir Sinneseindrücke oder Schmerz im Zusammenhang mit Ereignissen als relativ unmittelbar erleben.

Zudem wird die Information, bis sie an der Gehirnoberfläche ankommt, von verschiedenen Nervenzellen in unterschiedlichen Ebenen bearbeitet. Das ist deshalb notwendig, weil wir die Fülle der Informationen, die wir über die Körperoberfläche, die Augen, das Gehör und nicht zuletzt auch über die Nervenzellen, die in den Gelenken und Sehnenansätzen sitzen und die uns eine Information über die Lage unseres Körpers und die Vorgänge in unserem Körper geben – die sogenannte Propriozeption – nicht alle bewußt verarbeiten könnten. Schon hier wird deutlich, daß es neben der bewußten Ebene auch eine unbewußte geben muß.

Dieses Verschalten von Nervenzellen dient zum einen dazu, den Informationsfluß zu beschleunigen, zum anderen aber dazu, die Informationsweitergabe zu unterdrücken. Es ist für uns Menschen hilfreich, den Druck auf dem Sitzbein wahrzunehmen, wenn wir uns auf den Stuhl setzen und erstmalig Kontakt mit der Sitzfläche des Stuhles haben. Nach kurzer Zeit sind wir uns dieses Druckes jedoch nicht mehr bewußt, und können so besser unsere Gedanken auf anderes richten. Spätestens dann, wenn uns jemand den Stuhl wegziehen würde, bemerkten wir eine Druckveränderung im Bereich des Sitzknochens.

Berühren wir unglücklicherweise mit unseren Fingern eine heiße Herdplatte, so müssen wir die Hand reflexartig wieder zurückziehen. Damit die Muskeln optimal funktionieren, müssen sie möglichst gut durchblutet sein. Das Herz muß also intensiver pumpen, die Durchmesser der Gefäße müssen vergrößert werden, langfristig muß auch mehr »Brennstoff« zur Verfügung gestellt werden, d.h., die Leber muß aktiver durchblutet werden. In anderen Bereichen dagegen muß dafür die Aktivität heruntergeregelt werden und letztendlich müssen Botenstoffe im Gehirn – Neurotransmitter und Hormone – die Aufmerksamkeit schärfen und uns »wacher« machen, um weiter reagieren zu können. Vielleicht reicht in unserem Beispiel das Wegziehen der Hand allein als Gegenmaßnahme nicht aus und man muß die Verbrennung unter heißem Wasser kühlen.

Damit ist die nächste Ebene der intensiven Verschaltung von Nerven bereits eingeführt, das Zentrum im Zwischenhirn, in dem, so könnte man sagen, die Gefühle entstehen. Die Informationen aus der Peripherie des Körpers werden durch Freude, Ärger, Wut, Traurigkeit, Neugier oder andere Gefühle ergänzt.

Hier wird deutlich, daß auch zwischen den Arealen des Gehirns, in denen Erinnerungen gespeichert sind, und der Struktur, in der die Gefühle entstehen, eine intensive Wechselwirkung besteht (siehe Abbildung 4, Seite 96). Denn für den Menschen ist es ja zunächst hilfreich, wenn er sich erinnert, daß er sich beim Berühren von heißen Herdplatten verbrennen kann, um letztendlich erneute Verbrennungen zu vermeiden bzw. aus den berichteten Erfahrungen der anderen Menschen zu lernen.

Ähnlich wie wir es bei Bildern oder Melodien erleben, werden auch bei den Empfindungen, die sich den anderen Bereichen des Sinnessystems zuordnen lassen, Gefühle oder Gefühlszustände mit abgespeichert (jeder kennt das von angenehmen Gefühlen begleitete Wiedererinnern von Lieblingsmelodien). So wie sich Bilder, akustische Eindrücke, aber auch Empfindungen aus dem propriozeptivem System, dem Lagesinn des Körpers, im Gedächtnis einprägen, können auch Empfindungen wie Druck, Wärme, Kälte oder Schmerz Gedächtnisspuren hinterlassen.

Mit jeder Schmerzempfindung ist mehr oder weniger präzise eine räumliche Zuordnung verknüpft, die aber nicht unbedingt den realen Ausgangspunkt des Schmerzes bedeuten muß. Ein Beispiel hierfür sind die sogenannten »Phantomschmerzen« bei Menschen mit Amputationen. Sie erleben Schmerzen im großen Zeh oder der Ferse, auch wenn das betroffene Bein entfernt ist. Insbesondere im Bereich der Schmerzempfindungen der vegetativen Organe läßt sich nicht immer ein direkter Zusammenhang zwischen der projizierten, also vom Patienten wahrgenommenen Zuordnung, und einer tatsächlich auftretenden Störung vermuten.

Auch auf der Ebene der Organmedizin hat sich in der modernen Schmerztherapie einiges getan. Man versucht mittlerweile durch einen frühzeitigen Einsatz von Schmerzmitteln dem Tatbestand Rechnung zu tragen, daß ein wiederholt akuter Schmerz eine erhöhte Schmerzempfindlichkeit bedingt. Möglicherweise werden bereits zu einem sehr frühen Zeitpunkt anhaltende molekulare Veränderungen auf den Genen in den Nervenzellen, dem zellulären »Gedächtnis« angestoßen. Der Vorgang heißt *neuronale Plastizität*. Schmerzfühler an den Enden der Nerven werden empfindlicher, die Nerven werden schneller erregt. Durch Vorgänge im Schmerzgedächtnis werden bereits leichte Reize in eine relativ starke Schmerzempfindung umgesetzt. Auch das vegetative Nervensystem (siehe Seite 91) kann dadurch empfindlicher werden.

Leibschmerzen

Die inneren Organe (wie Leber, Milz, Magen, Darm, Nieren, Blase) sind (mindestens zum Teil) von einer dünnen Haut überzogen, dem *Peritoneum*, das auch die Innenseite der Bauchdecke bedeckt. Das Peritoneum ist von sensiblen Nervenfasern durchzogen, im Gegensatz zu den Organen selbst, die nicht direkt schmerzen können. Wird dieses Häutchen gedehnt, z.B. durch eine Schwellung der Organe, wie sie im Zusammenhang mit Infektionskrankheiten auftreten kann, oder durch die Blähung des Darmes durch Luft oder Gase, wie es beim Abbau von Nahrungsmitteln durch die Bakterien, die natürlicherweise im Darm vorkommen, bedingt sein kann, entsteht Schmerz.

Es gilt als wissenschaftlich erwiesen, daß die Anzahl dieser sensiblen Nerven individuell sehr unterschiedlich sein kann.

Natürlich ist die Dehnung der Organe nicht die einzige Möglichkeit, wie Schmerzen ausgelöst werden können. Ähnlich wie in anderen Geweben wird, z.B. durch eine Erhöhung der Anzahl von Vermittlerstoffen, den *Mediatoren*, Substanzen, die von Entzündungszellen freigesetzt werden, oder durch Botenstoffe des Nervensystems eine Schmerzempfindung ausgelöst.

Auch indirekt können Schmerzen entstehen, z.B. im Zusammenhang mit einer verminderten Durchblutung, oder durch Verkrampfungen in den Muskeln.

Ein weiterer wichtiger Faktor für die Entstehung von Leibschmerzen ist die unterschiedliche Aktivität der Darmmuskulatur im zeitlichen Verlauf, jeweils abhängig von den gerade ablaufenden Verdauungsvorgängen. Es lassen sich langsamere und schnellere Bewegungsmuster voneinander abgrenzen. Die Geschwindigkeit und die Intensität dieser Muster kann durch die Nahrungszusammensetzung, aber auch durch psychische Streßreize beeinflußt werden.

Schmerzen	– Leibschmerzen
	– Schmerzen in Armen
	  und Beinen
	– Rückenschmerzen
	– Gelenkschmerzen
	– Schmerzen beim Wasserlassen
	– Brustschmerzen
	  (außer Kopfschmerzen)
		anhaltende
		somatoforme
		Schmerz-
		störung

Neuro-
logische
Symptome
	– Gedächtnisverlust
	– Verlust der Stimme
	– Taubheit
	– Doppelbilder
	– Blindheit
	– Ohnmacht oder
	  Bewußtlosigkeit
	– Anfall oder Krampf
	– Beschwerden beim Gehen
	– Schwindel/Benommenheit
	– Gefühl des Brennens in
	  den Geschlechtsorganen oder
	  im Rektum (Beeinträchtigungs-
	  erleben nicht ausschließlich
	  beschränkt auf den Geschlechts-
	  verkehr)
		Konversions-
		störung

Vegetative
Beschwerden
	– Starkes Schwitzen
	– Harnverhalten oder Probleme
	  beim Wasserlassen
	– Erbrechen
	– Übelkeit
	– Blähungen
	– Diarrhö (wäßriger Durchfall)
	– Unverträglichkeit von
	  verschiedenen Speisen
	– Schwierigkeiten beim Schlucken
	– Kurzatmigkeit/Atemnot
	  (nicht bei Anstrengung)
	– Herzklopfen (Palpitationen)
		Somatoforme
		autonome
		Schmerz-
		störung
		Funktionsstörung

Sexuelle Beschwerden	– Schmerzen beim Verkehr – Sexuelle Gleichgültigkeit – Impotenz	
Gynäkolo- gische Beschwerden	– Schmerzhafte Menstruation – Verstärkte/übermäßige Blutungen – Erbrechen während der gesamten Schwangerschaft – Unregelmäßige Menstruation	

Somati-
sierungs-
störung

Abb. 5

Die Notwendigkeit, sich zu konzentrieren, oder Streßfaktoren wie Lärm verlangsamen die Beweglichkeit und können damit oft im Zusammenwirken mit anderen Einflußfaktoren auch indirekt Schmerzen auslösen. Wahrnehmungspsychologische Untersuchungen ergaben, daß eine vermehrte Schmerzempfindlichkeit im Bereich der inneren Organe nicht unbedingt mit einer generellen Schmerzempfindlichkeit im Bereich des ganzen Körpers, also auch der äußeren Haut einhergehen muß. Diese kann sogar verringert sein.

In einigen Fällen kann eine Hypnotherapie helfen

Hypnose-Experimente haben gezeigt, daß das individuelle Ansprechen auf Dehnungsreize im Bereich des Darmes durch Suggestionen verändert werden kann, sich also eine geringere Schmerzempfindlichkeit einstellen kann. Allerdings sind nicht alle Menschen gleich gut hypnotisierbar.

Verschiedene Ursprungsgebiete von Nerven, z.B. von denjenigen, die den inneren Organen und der äußeren Hautfläche zugeordnet werden, können im weiteren Verlauf im Körper auf denselben Nervenbahnen zusammengeschaltet werden. Das erklärt, weshalb bei Erkrankungen im Bereich der inneren Organe bestimmte Hautareale empfindlicher reagieren können oder umgekehrt Schmerzzustände, die eigentlich auf gestörte innere Organe zurückgeführt werden können, Schmerzen in der Haut auslösen. Maßnahmen, die zu einer Dehnung des Darmes führen, wie z.B. warme Leibwickel, das Auflegen einer Wärmflasche auf den Bauch oder das Trinken einer größeren Menge eines warmen Getränkes, können so eine Schmerzreduktion bedingen. Ebenfalls bekannt ist, daß durch körperliche Aktivität z.B. der Abgang von Winden gefördert werden kann, was zu einer geringeren Dehnung des Darmes führt und eine Verringerung der Beschwerden zur Folge hat.

Schmerzen in Armen und Beinen

Arme und Beine können wir uns auch als eine Art komplizierter mechanischer Apparat aus Knochen, Sehnen, Muskeln, Bindegewebe, Nerven, Blutgefäßen und Hautstrukturen vorstellen. Sowohl die Muskeln als auch die Sehnen, die Gelenkkapseln und die Knochenhaut sind von einem dichten Netz von sensiblen Nervenfasern durchflochten. Patienten mit psychosomatischen Schmerzzuständen in diesen Bereichen unterscheiden sich von Patienten mit organischen Gelenk- und Muskelschmerzen (etwa rheumatischen Erkrankungen).

Patienten mit psychogenen Schmerzzuständen

- nennen häufig Schmerzen, die sich räumlich nicht so genau eingrenzen lassen wie man es z.B. bei den nervenbedingten Schmerzzuständen kennt (Beispiel Gürtelrose),
- beschreiben die Ausdehnung als eher wechselnd,
- können manchmal die Grenzen nicht klar benennen, ebenso wie die Schmerzcharakteristik (drückend, brennend, dumpf).

Da Schmerzen in den Extremitäten häufig einen chronischen Verlauf zeigen, werden an dieser Stelle die zentralen Aspekte der Schmerzwahrnehmung und der Schmerzzuordnung näher erläutert.

Die persönliche Schmerzwahrnehmung und -zuordnung

Im statistischen Vergleich zeigt sich, daß Patienten mit psychogenen Schmerzzuständen länger über ihre Schmerzen sprechen. Dies läßt vermuten, daß hier die Vorgänge, die zu einer Schmerzmanifestation führen, eher im Bereich der höheren Hirnstrukturen, also in den Bereichen, in denen das bewußte Denken oder das Sich-Erinnern befinden, angesiedelt sind (zur Erinnerung: Jeder Schmerzdruck entsteht letztendlich im Gehirn). Hierbei haben auch die Strukturen eine Bedeutung, die für die biologische Seite der Gefühlsentstehung wichtig sind, wie z.B. das limbische System.

Wie läßt sich das wissenschaftlich begründen? Zum einen findet man bei Patienten mit psychosomatischen Schmerzstörungen auch häufiger Veränderungen im Gefühlsbereich wie z.B. Traurigkeit oder Mißmut. Umgekehrt klagen aber auch Menschen mit schweren Depressionen, bei denen sich ja z. T. direkt Veränderungen des Hirnstoffwechsels, z.B. mittels nuklearmedizinischer Untersuchungsmethoden nachweisen lassen, über vermehrte Schmerzempfindungen. Diese Veränderungen sind auf bestimmte Gehirnbezirke begrenzt, denen eine Bedeutung für die Gefühlsentstehung auf der körperlichen Ebene zugeordnet wird.

Ein weiterer Rückkoppelungsmechanismus besteht zwischen der Aufmerksamkeit, die auf die Schmerzen gerichtet wird, und den in diesem Zusammenhang entstehenden Befürchtungen. Hierbei kann es sich darum handeln, daß die wahrgenommenen Beschwerden Ausdruck einer gefährlichen Krankheit sein können oder Ängste hinsichtlich des weiteren Verlaufs auftreten können; es kann der Erwartungsgedanke da sein, daß die Schmerzen stärker werden. Persönlichkeitszüge, die sich besonders durch solche Denkmuster hervorheben, finden sich gehäuft bei Patienten, deren Beschwerden einen chronischen Verlauf haben. Typisch sind dabei Muster wie »... die Schmerzen müssen ja schlimmer werden, weil sich bei mir alles zum Schlechten wendet ...« oder – in einer Form, die Psychoanalytiker als magisches Denken bezeichnen – wenn der Betroffene glaubt, er habe es »... aufgrund seiner schlechten Eigenschaften, seines sündigen Lebens ja nicht anders verdient, ... das Schicksal müsse ihn mit immer schlimmeren Schmerzen bestrafen«.

Rückenschmerzen

Um Rückenschmerzen besser verstehen zu können, ist es zunächst notwendig, die anatomischen Grundlagen heranzuziehen. Die Wirbelsäule ist eigentlich keine Säule, sondern setzt sich zusammen aus den einzelnen Wirbeln, die über einen Bandapparat zusammengehalten werden, und aus den zwischen den Wirbelkörpern gelagerten Bandscheiben. Betrachtet man die relative Länge der Wirbelsäule, so haben die Bandscheiben fast so viel Volumen wie deren knöcherne Bestandteile. Dies verdeutlicht, daß die Wirbelsäule im Prinzip eine sehr bewegliche Struktur ist, wie uns die Schlangenmenschen-Artisten im Zirkus zeigen.

Dieses bewegliche Gerüst wird gestützt durch Muskelgruppen, die sehr viel Masse haben, weil sie sehr viel Haltearbeit leisten und trotzdem aber auch sehr fein und schnell reagieren müssen. Dies ist besonders beeindruckend, wenn man sich vor Augen führt, welche Hebelkräfte angreifen. Das Gewicht der Arme und Schultern muß ausbalanciert werden, der Kopf muß so gerade gehalten werden, daß die Augen und Ohren richtig arbeiten können, auch wenn sich das ganze System in Bewegung befindet (laufen). Dies verdeutlicht, welch immens leistungsfähige Formation sich in unserem Rücken verbirgt, denn letztendlich hat sich ja auch im Sprachgebrauch der Begriff Wirbelsäule durchgesetzt, da wir subjektiv den Eindruck haben, es handle sich um eine stabile Säule.

Fehlbewegungen und Fehlhaltungen führen zu einseitigen Belastungen von Muskelgruppen und damit schließlich zu Verspannungen. Auch die Muskeln sind durch sensible Nervenfasern versorgt. So bedingen Verspannungen eine veränderte Durchblutung, die zur Freisetzung von Botenstoffen und damit zu einer Irritation von Nerven und in der Folge zu Schmerzen führen kann. Reflektorisch werden Fehlhaltungen weiter durch die Schmerzen verstärkt, so daß ein »Teufelskreis« entsteht (siehe Abbildung 6). Diese Zusammenhänge sind elektrophysiologisch gut bewiesen.

Darüber hinaus ist belegt, daß psychische Belastungen, z.B. Streß oder Konzentrationsschwierigkeiten, ebenfalls zu einer

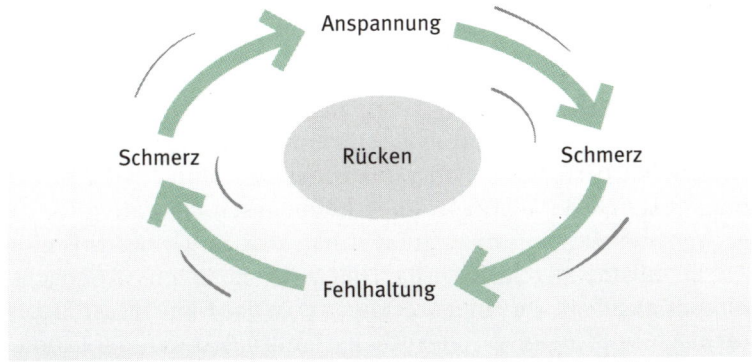

Abb. 6

Aktivierung der Haltemuskulatur führen, die dann in den oben beschriebenen Teufelskreis münden können.

Auch hier gilt dasselbe, was bereits in dem Abschnitt »Schmerzen in Armen und Beinen« dargestellt wurde, nämlich daß eine intensivierte körperliche Aktivität zu einer Verringerung der Beeinträchtigung durch Rückenschmerzen und zu einer deutlich geringeren Wahrnehmung der Beschwerden führt.

Gelenkschmerzen

Gelenkschmerzen werden durch die sensiblen Nervenendigungen, die in den Gelenkkapseln sitzen, vermittelt. Die Nerven können durch entzündliche Prozesse im Gelenk aktiviert werden und Signale an das zentrale Nervensystem senden. Z.B. können Erkrankungen, die den ganzen Körper erfassen, etwa Virusinfekte wie eine schwere Grippe auch mit Gelenkschmerzen verbunden sein.

Ein zweiter Aspekt ist, daß die Bewegung, die in den Gelenken stattfinden kann, durch die umliegenden Muskelgruppen vermittelt wird bzw. die Gelenke durch die Sehnen und Muskeln stabilisiert werden. Nun kann man sich vorstellen, daß – ähnlich wie bei den Rückenschmerzen beschrieben – sich auch hier ein Ineinanderwirken von Verspannungen und Verkrampfungen im muskulären Bereich entwickeln kann. Eine Unterforderung von Gelenkanteilen mit einer chronischen Rückbildung der Haltekapazitäten von Sehnen bzw. einer Überforderung von anderen Sehnen ist auch vorstellbar.

Insbesondere hier muß man sich verdeutlichen, daß die körperliche Struktur, der die Schmerzen zugeordnet werden, nicht mit dem Ursprung des Impulses übereinstimmen muß. Noch nicht wissenschaftlich belegt, aber plausibel erscheint, daß z.B. das unangenehme Erleben von Gelenkschmerzen bei einem vorangegangenen Ereignis dazu geführt hat, daß im Gedächtnis eine Art Schublade angelegt wurde. Hier wird die Schmerz-Gedächtnisspur abgelegt. Bei einer Störung, die in der Nähe dieser Struktur liegt, wird dann der eigentliche Eindruck durch die Erinnerung überlagert. Dies sind Effekte eines »Schmerzgedächtnisses«.

Die Gelenke haben im Sinne der Wahrnehmungslenkung eine große Bedeutung für Bewegungsabläufe. Die Gelenkstruktur bindet – mehr als der feste Knochen oder die Muskulatur – die Aufmerksamkeit, denn hier ist die Veränderung am spür- und sichtbarsten. Auch die Nerven, die den Lagesinn beschicken, haben ihren Ursprung in den Gelenkkapseln und den Sehnenansätzen.

Eine Einschränkung der Beweglichkeit in einem Gelenk wird bereits im Ansatz als besonders bedrohlich erlebt, da den Menschen die Bedeutung des Bewegungsapparates, die vielfältigen Aufgaben, die z.b. mit den Händen erledigt werden oder das Gehen als Grundlage von Mobilität, bewußt sind. Auch hier spielen neben der Aufmerksamkeitslenkung die gedanklichen Einstellungen, Erwartungen und Besorgnisse, wie in den bisherigen Abschnitten angedeutet, eine große Rolle.

Schmerzen beim Wasserlassen

Die inneren Organe, angefangen beim Schlund, über den Magen-Darm-Trakt, die Gallenblase, die Gallenwege zwischen Gallenblase und Dünndarm, aber auch die Harnblase, die die Nieren ausleitenden Harnleiter und die Harnröhre sind mehr oder weniger mit Bindegewebe durchwobene »Muskelschläuche«. Sie haben eine unterschiedliche Muskelwanddicke und können nicht willkürlich in Bewegung gesetzt werden. Dies geschieht höchstens indirekt, z.b. durch die Anspannung und Entspannung der willkürlich innervierten Bauchmuskeln oder Erhöhung des Drucks im Bauch durch Einatmen und Anhalten der Luft. Zusätzlich liegen um diese Muskelschläuche auch im Bereich der Körperöffnungen Muskelschlingen, die wir willkürlich steuern können. Dies sind die Muskeln, mit deren Anspannung wir den Abgang von Stuhl oder Harn unterbinden können.

Häufige Probleme, die allerdings bisher nur bei Kindern wissenschaftlich nachgewiesen sind, sind begründet in dem gestörten Wechselspiel zwischen

• dem Anspannen der Bauchdecke, um den intraabdominellen Druck zu erhöhen, dem dadurch ausgelösten Zusammenziehen der bereits in dieser Weise reagierenden mit Harn gefüllten Blase und

• dem Entspannen des Beckenbodens und des speziellen Ring-
muskels um die Harnröhre, um Wasser zu lassen.

Bei diesem komplexen Ineinanderwirken können Fehlfunktionen auftreten, die als Druck, Druckschmerz oder Krampf im Bereich der Harnröhre wahrgenommen werden.

Weiterhin muß man sich vor Augen führen, daß – insbesondere
bei Frauen – sehr häufig virale und bakterielle Infekte der ausleitenden Harnwege auftreten, die sehr schmerzhaft sein können.

Ähnlich, wie wir es bei den Gelenkschmerzen kennengelernt haben, sind auch hier Muster vorstellbar, die zu einem Anhalten
oder einer Verstärkung der Empfindungen führen, so daß sich
ein Schmerz beim Wasserlassen, bei unauffälligen sonstigen
bakteriologischen Untersuchungsbefunden, einstellt.

Es kann manchmal sehr schwierig sein, Krankheiten im Uro-
genitaltrakt nachzuweisen (etwa das Problem der interstitiellen
Cystitis, einer Entzündung innerhalb der Blasenschleimhaut),
d.h. ein fehlender Nachweis von Keimen muß nicht unbedingt
bedeuten, daß keine durch Keime bedingte Erkrankung zugrunde liegt, welche die Beschwerden (mit-)verursacht.

Gerade im Urogenitalbereich ergeben sich eine Vielzahl von
Überlappungen organischer Erkrankungen und Befindlichkeitsstörungen. Eine weitere Rolle spielt hierbei, daß durch den
schambehafteten Umgang mit der Körperregion eine Aufmerksamkeitslenkung bedingt sein kann und zwar bei Behinderun-
gen im Sinne einer verstärkten Wahrnehmung, aber alternativ
auch einer Verdrängung.

Schmerzen im Brustbereich
Infekte der oberen Luftwege sind sehr häufig. Sie können zusätzlich mit Schmerzen beim Atmen verbunden sein. Es ist anzunehmen, daß eine verstärkte Aufmerksamkeitslenkung bereits im
frühen Kindes- und Jugendalter auf diese Körperregion stattfin-
det.

Auch durch die Atmung an sich wird bereits eine Bahnung der
Wahrnehmung erreicht, insbesondere deshalb, weil sich im Zu-

sammenhang mit körperlicher aber auch emotionaler Belastung die Atemzugshäufigkeit und Atemzugstiefe verändern.

Durch das Wissen, daß diese Körperregion die beiden wichtigen Organe, nämlich das Herz und die Lunge, beherbergt, wird diese Tendenz noch verstärkt. Die Häufigkeit der Herzschläge wird vom Körper sehr genau dem augenblicklichen Bedarf angepaßt und variiert zwischen 50 Schlägen pro Minute in Ruhe und über 200 Schlägen in Situationen schwerer körperlicher Belastung.

Diese Wechsel können dazu führen, daß die Aufmerksamkeit verstärkt auf diese Region gelenkt wird. Der Herzmuskel ist sehr gut durchblutet und ist in indviduell unterschiedlicher Ausprägung – auch sehr stark variierend – mit Nerven versorgt, die Schmerzimpulse vermitteln können, z.b. bei nicht ausreichender Durchblutung oder insbesondere im untrainierten Zustand bei einer sehr hohen Ausschöpfung der Leistungsreserve.

Man kann sich vorstellen, daß hierdurch ebenfalls eine Art Prägung fixiert wird, die, ähnlich wie wir es bei den Schmerzen in den Armen und Beinen kennengelernt haben, zu einer vermehrten Schmerzempfindung führt.

● Verstärkt werden kann dies durch die subjektive oder objektive Atemnot im Zusammenhang mit körperlichen Belastungen oder Einschränkungen der Atmungsfunktionen infolge eines banalen Infektes, der dann als schwere Erkrankung mißgedeutet wird.

● Wir wissen aber, daß psychologische und soziale Stressoren zu einer Ausschüttung von Hormonen führen können (z.B. Adrenalin), die die Herztätigkeit intensivieren und den Gefäßdurchmesser verringern. So ist gut vorstellbar, daß bei Streß auch psychosomatische Beschwerden auf dem Boden von funktionellen Veränderungen des Herzens auftreten können, wie etwa eine plötzliche Beschleunigung des Herzschlags oder eine Veränderung des Durchmessers der Gefäße ohne organische Erkrankung.

Andere anatomische Bestandteile des Brustbereiches sind die Muskeln zwischen den Rippen, der Wirbelsäule, dem Brustbein und den Schultern. Auch hier kann es zu Verspannungen kommen, die zu Schmerzzuständen führen, wie wir es bei den Rückenschmerzen kennengelernt haben.

Neu aufgetretene Brustschmerzen müssen aber immer zunächst ärztlich abgeklärt werden.

Andere Schmerzen

Schmerzen können in allen Körperregionen auftreten. Neben den bisher genannten Bereichen können Schmerzen auch im Gesicht, in den Ohren, am und im Hals vorkommen. Je nach dem anatomischen Aufbau der schmerzenden Struktur können für die individuelle Erklärung dieselben Konzepte wie bei den Leibschmerzen, den Schmerzen in den Armen oder Beinen, den Rücken- oder den Gelenkschmerzen herangezogen werden.

Sonderfall: Kopfschmerzen

Die Kopfschmerzen sind kein eigentliches Symptom der Somatisierungsstörungen, obwohl natürlich Patienten mit Somatisierungsstörungen auch Kopfschmerzen haben können. Es gibt für die verschiedenen Unterformen, wie den Spannungskopfschmerz und den gefäßbedingten Kopfschmerz (Migräne), physiologische Erklärungskonzepte, die Kopfschmerzen auch unabhängig von der psychosomatischen Sicht der Bedingtheit psychosozialer Belastungsfaktoren und körperlicher Beschwerden erklären.

Untersuchungen, die Anfang der 90er Jahre durchgeführt wurden, zeigen, daß die lange als Ursache des Kopfschmerzes angesehenen vermehrten Verspannungen der Muskeln, die den Schädel umgeben, das Schmerzgeschehen nicht ausreichend erklären. Bedeutsam für die Erhöhung der Schmerzempfindlichkeit ist eine Störung des Systems, das entstehende Schmerzimpulse wieder herunterreguliert. Botenstoffe des Gehirns spielen hier eine entscheidende Rolle, insbesondere die Substanzen Serotonin, Dopamin, Noradrenalin, daneben Eiweißstoffe, die im Gehirn entstehen und die das Mittelhirn mit dem hormonalen System verbinden. Als Beleg hierfür könnte auch gewertet werden, daß Patienten mit depressiven Störungen oder Angsterkrankungen, die zum Teil ja auch auf Stoffwechselstörungen im Bereich der Botenstoffe zurückgeführt werden können, häufiger an Migräne leiden.

Neurologische Symptome aus Sicht der Psychosomatik

Für das Denken und das Erinnern gilt, daß hier in enger Verwobenheit die Wahrnehmung, die damit verbundenen Gefühle und die anderen innerpsychischen Funktionen, wie z.b. die psychologische Abwehr (siehe »Psychologische Abwehrmechanismen«, Seite 114), eine große Rolle spielen. Die Funktion der Sinnesorgane, insbesondere die des Sehapparates, ist z. T. auch abhängig vom vegetativen Nervensystem. Auch die willkürliche Beweglichkeit der Muskeln kann durch psychische Einflußfaktoren bis zur vollständigen Lähmung hin beeinträchtigt sein.

Gedächtnisverlust

Grundsätzlich werden beim Gedächtnis das Kurzzeit- und Langzeitgedächtnis unterschieden. Eine Information, die nicht im Kurzzeitgedächtnis aufgenommen wurde, kann nicht an das Langzeitgedächtnis weitergegeben werden. Wenn wir uns verdeutlichen, wie viele unterschiedliche Informationen aus unserem Körper und durch die Sinnesorgane in jedem Moment ins zentrale Nervensystem geleitet werden, wird verständlich, daß nicht alle Einzelinformationen ins Bewußtsein vordringen können. Bereits im Vorfeld muß gefiltert werden (siehe Abbildung 7, Seite 114).

Emotionen spielen bei der Gedächtnisfunktion ebenfalls eine große Rolle. Ekel und Angst haben eine wichtige Signalfunktion, um unseren Körper zu schützen, und damit Vorrang vor anderen Informationen.

Ist unsere Aufmerksamkeit durch die Wahrnehmung innerer Körpervorgänge gebunden, stehen andere Sinneseindrücke zurück. Parallel dazu laufen unwillkürliche assoziative Denkprozesse ab, d.h., wir gleichen das, was wir in jedem einzelnen Moment wahrnehmen, mit dem ab, was wir bereits erlebt haben.

Zeugen, die einen Unfall beobachten, erinnern sich unwillkürlich gleichzeitig an eigene Situationen; damit wird die Aufmerksamkeit von der aktuellen Situation weggelenkt. Deshalb sind, das ist eine ganz alltägliche Feststellung, Zeugenaussagen zum gleichen Ereignis häufig sehr unterschiedlich.

Psychologische Abwehrfunktionen Andere Mechanismen, die hier hineinspielen, sind die Abwehrfunktionen. Das Vergessen stellt den häufigsten Abwehrvorgang dar; an belastende Ereignisse erinnert man sich einfach nicht mehr. Bei psychosomatischen Patienten, die an einem Erinnerungsverlust leiden, läßt sich nachträglich sehr häufig herausarbeiten, daß sie sich an Situationen nicht mehr spontan erinnern, wenn Ähnlichkeiten mit bereits vergangenen schlimmen Ereignissen vorliegen.

Die Störung kann eine unmittelbare sein, d.h., die Einspeicherung ins Gedächtnis funktioniert nicht richtig, weil die Situation emotional so überladen ist. Aber auch indirekt können rückwirkend Erinnerungen durch eine Koppelung mit einem Gefühl verzerrt werden.

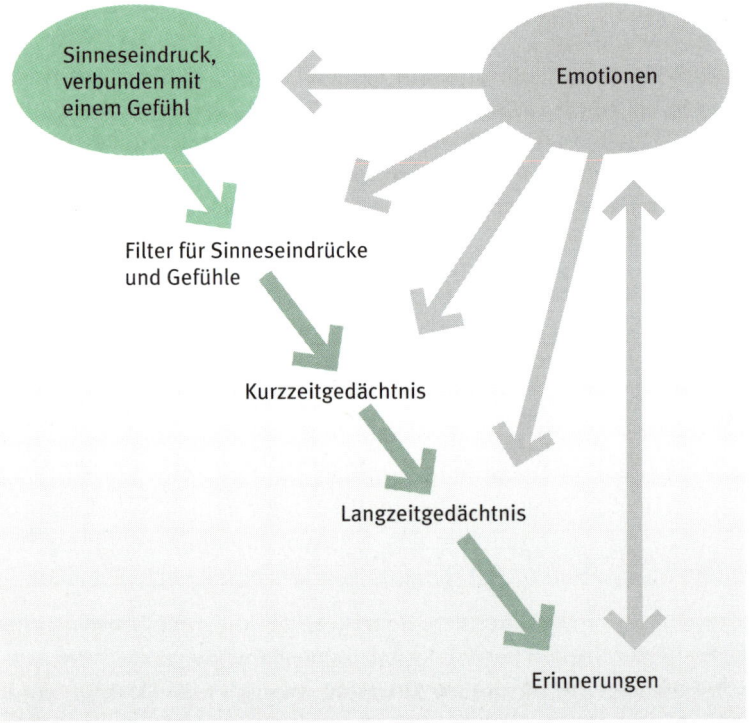

Abb. 7

Verlust der Stimme

Der Zusammenhang zwischen dem Klang der Stimme und unserer Stimmung kommt schon in der Verwandtschaft beider Wörter zum Ausdruck. Die Stimme »überschlägt« sich bei Freude und Aufregung, sie ist schwach und ausdrucksarm, wenn wir traurig sind. Das Wechselspiel zwischen den Gefühlen und ihrer stimmlichen Realisierung dürfte der Alltagserfahrung eines jeden Menschen entsprechen.

Die genaue Ursache psychisch bedingter Stimmstörungen ist uns bisher nicht bekannt. Der Zusammenhang mit krankmachenden Lebensumständen ist auch vor historischem Hintergrund nachvollziehbar: So gab es nach dem 2. Weltkrieg bei von der Front heimkehrenden Soldaten sehr viele von einer Stimmlosigkeit Betroffenen. Die damaligen Beobachtungen und die heute zur Verfügung stehenden wissenschaftlichen Erkenntnisse legen nahe, daß es sich bei einer solchen Stimmstörung um ein Konversionssymptom handelt, d.h. um die seelisch bedingte Funktionsstörung in einem vom willkürlichen Nervensystem gesteuerten Organ. Unabhängig von der Klassifikation seelisch bedingter Stimmstörung kann davon ausgegangen werden, daß sie eine gute Prognose haben, die erstaunlicherweise beim kompletten Verlust der Stimme (*Aphonie*) noch etwas besser ist als bei einer nur gering gestörten Stimme.

Schwerhörigkeit (Hörsturz) und Ohrgeräusche (Tinnitus)

Hinweis

Grundsätzlich bedarf es bei jeder subjektiv empfundenen Schwerhörigkeit einer möglichst raschen und sorgfältigen Untersuchung durch einen Hals-Nasen-Ohrenarzt, um eine körperliche Ursache der Störung auszuschließen.

Als wesentliche körperliche Ursache einer organisch bedingten Schwerhörigkeit ist der sogenannte Hörsturz zu nennen, der sehr häufig im zeitlichen Zusammenhang mit seelisch besonders belastenden Lebenssituation auftritt und zurecht als eine

»Managerkrankheit« beschrieben wird. Beim Hörsturz besteht also sehr häufig eine seelische Mitursache einer körperlichen Störung. Unabhängig von der individuellen Ursache muß der Hörsturz nach heutigem Kenntnisstand möglichst rasch und am besten im Krankenhaus mit durchblutungsfördernden Infusionen behandelt werden. Sofern sich die Störung nicht zurückbildet und der betroffene Patient sich neben der körperlichen auch der seelischen Problematik öffnen kann, sollte der Rat eines Facharztes für Psychotherapeutische Medizin eingeholt werden.

Ein Hörsturz äußert sich längst nicht in allen Fällen als Schwerhörigkeit, sondern kann auch als »Druck in der Tiefe des Ohres« empfunden werden, als »Völlegefühl« oder aber auch als zumeist hochfrequentes Ohrgeräusch (*Tinnitus*). Der betroffene Patient ist am besten beraten, wenn er bei einem solchen plötzlich aufgetretenen Symptom einen Ohrenarzt aufsucht, um die genaue Ursache zu erforschen.

Beim chronischen Tinnitus, d.h. beim Tinnitus, der bereits seit mehr als einem Jahr besteht, haben medikamentöse Behandlungsmaßnahmen oder aber auch die Sauerstofftherapie als organbezogene Therapie keinen Wert mehr. Nun geht es bei der Behandlung darum, dem Patienten den Umgang mit der Störung zu erleichtern. Dies ist heutzutage mit den Methoden der sogenannten kognitiven Verhaltenstherapie mit einer hohen Erfolgsaussicht möglich.

Ein vollständiger seelisch bedingter, nur subjektiver Verlust des Hörvermögens ist im Erwachsenenalter extrem selten, im Kindes- und Jugendalter kommt er zwar häufiger vor, ist aber immer noch selten. Auch bei dieser Störung muß zunächst vor der Annahme einer seelischen Ursache sichergestellt werden, daß die Störung keine körperliche Ursache hat.

Doppelbilder
Die Augenbewegungen werden durch eine Vielzahl von Muskeln koordiniert, die einer differenzierten nervlichen Steuerung unterliegen. Wie alle Muskeln können diese auch ermüden. Um scharf sehen zu können, müssen jedoch nicht nur die Muskeln koordiniert werden; auch die Pupillenweite wird in Abhängig-

keit von der Helligkeit und der Entfernung der Dinge, die man scharf sehen möchte, reguliert.

Verschwommenes Sehen

Eine Aufgabe des vegetativen Nervensystems ist, die Pupillenweite in Abhängigkeit vom Lichteinfall zu steuern. Dabei spielt auch die Refraktion (Brechkraft) der Hornhaut eine Rolle. Diese kann z.b. durch einen sich über die Hornhaut legenden Tränenfilm verändert werden. Die Befeuchtung der Augen und der Tränenfluß werden über vegetative Zentren gesteuert. Tränen stellen ein nach außen hin sichtbares Zeichen von traurigen Affekten dar; hier wird ebenfalls ein mögliches Zusammenhängen von vegetativen Steuerungsfunktionen und Gefühlszuständen deutlich. Auch ein leichtes Feuchtwerden der Augen kann zu verschwommenem Sehen führen.

Die Ausdehnung des Sehfeldes, wie auch zum Teil die Sehschärfe, also die Kette »optischer Reiz – Nervenbahn – Bildentstehung im Gehirn«, kann wie jeder Informationsfluß im Nervensystem durch Vorgänge des Gefühlslebens, der Wahrnehmung, der Aufmerksamkeit sowie der Konzentrationsfähigkeit beeinflußt werden. Auch durch Alkohol oder Psychopharmaka kann es zu meßbaren Einschränkungen des Sehvermögens kommen.

Ohnmacht oder Bewußtlosigkeit

Unter Ohnmacht verstehen Mediziner eine kurzzeitige Bewußtlosigkeit, die durch eine Regulationsstörung des Blutdrucks bedingt ist oder durch einen Sauerstoffmangel im Gehirn hervorgerufen wird. Die »Endstrecke« der Symptomatik ist immer eine Mangelversorgung des Gehirns, in der Regel verursacht durch einen allgemeinen Blutdruckabfall. Der ist entweder bedingt durch eine kurzzeitige Herzrhythmus-Störung, also dem Aussetzen des Herzschlages oder einem Zu-schnell-Schlagen des Herzens, so daß die Pumpfunktion nicht mehr gewährleistet ist. Eine dritte Möglichkeit ist die durch eine plötzliche – durch Streßhormone bedingte – Erweiterung der zum Herzen hinführenden Gefäße, der Venen, so daß es zu einem kurzzeitigen Blutmangel im Herzen kommt.

Blutdruck und die Herzschlagtätigkeit werden ebenfalls durch das vegetative Nervensystem gesteuert und zwar abhängig von der notwendigen Durchblutung, die von den Organen oder der Muskulatur über eben dieses Nervensystem den Regulationszentren zurückgemeldet wird. Die Reaktionsbreite des Nervensystems kann sehr unterschiedlich sein. Es gibt Menschen, die bei jedem schnelleren Aufstehen einen kurzzeitigen Schwindel oder eine Benommenheit bemerken. Dies nennt man eine *orthostatische Fehlregulation*.

Dabei kommt es zunächst zu einem Ansteigen des systolischen Blutdrucks bei gleichzeitigem Abfallen des diastolischen Blutdrucks während des Aufstehens. Das Herz wird also aktiviert und pumpt Blut mit mehr Druck in das Gefäßsystem; die allgemeine Gefäßspannung sinkt ab, so daß es zu einem relativen Mangel von Blut, das zum Herzen zurückfließt, kommt, was wiederum zu einer Beschleunigung des Herzschlags führt.

● Selbstverständlich müssen bei erstmaligen oder wiederholten Ohnmachtszuständen oder Bewußtlosigkeit zunächst körperliche Erkrankungen ausgeschlossen werden, bevor psychische Ursachen angenommen werden dürfen.

Krampfanfall

Im Gegensatz zur Ohnmacht, bei der ein plötzliches Erschlaffen der Muskulatur zu einem Sturz führen kann, verstehen wir unter einem Krampfanfall ein nicht koordiniertes Zusammenziehen von Muskeln. Auch der Krampfanfall ist mit einer kurzzeitigen Nichtansprechbarkeit oder Bewußtlosigkeit verbunden, wobei im Gegensatz zur Ohnmacht z.B. Augenbewegungen beobachtet werden können, es zu Bewegungen im Bereich des Mundes, dem gefürchteten Zungenbiß, zum Abgang von Stuhl oder Einnässen kommen kann.

Eine wichtige Gruppe von Erkrankungen, die mit Krampfanfällen einhergehen, sind die Epilepsien. Mit Hilfe eines Elektroenzephalogramms (abgekürzt: EEG) können die Gehirnströme schmerzlos über die Kopfhaut abgeleitet und solche Entladungen nachgewiesen werden.

Wie entsteht ein Krampfanfall?

Ein Krampfanfall ist eine Folge von plötzlichen Impulsen des zentralen Nervensystems, z. B. im Zusammenhang mit einer Entzündung, einer Anschwellung des Gehirns oder einem Tumor. Es kann aber auch eine Erkrankung des Gehirns vorliegen, bei der es in einzelnen Regionen der Hirnoberfläche zu Vernarbungen gekommen ist, die unter gewissen Umständen ein plötzliches Auftreten von Nervenimpulsen aus der Gehirnrinde begünstigen können, z.B. bei chronischem Schlafentzug, bei einer körperlichen Überlastung oder der Einwirkung von bestimmten Substanzen (die häufigste: Alkohol).

Forschungen zur Epilepsie ergaben, daß ein Teil von Patienten Krampfanfälle haben, ohne daß solche Entladungen im Gehirn, die ursprünglich als notwendige Begleiterscheinung für Krampfanfälle angesehen wurden, zu beobachten waren.

Diese sogenannten »psychogenen Krampfanfälle« kommen manchmal bei Patienten vor, die auch eine körperlich begründbare Epilepsie haben. Psychogene Anfälle sind in ihrem Ablauf und ihrem klinischen Erscheinungsbild auch von Fachleuten in der Regel schwer von echten epileptischen Anfällen zu unterscheiden. Aus dem Alltagsleben können wir ableiten, daß wir uns sehr komplexe und auch in Bruchteilen von Sekunden ablaufende Bewegungsmuster aneignen können, und diese auch immer wieder, ohne daß wir dies nun bewußt willentlich steuern, wiederholen können – z.B. im Bereich des Sports (Golf- oder Tennisspielen). Man kann sich gut vorstellen, daß Personen in seelischer Not die durch ihre Anfälle ausgelösten Hilfsreaktionen als unterstützend oder entlastend erleben. Das löste eine Tendenz aus, solche körperlichen Reaktionsmuster unbewußt zu wiederholen.

Beschwerden beim Gehen

Wenn ein Mensch schildert, »daß er nicht mehr gehen kann«, muß man untersuchen, welche der Teilfunktionen, die für das Gehen notwendig sind, gestört sind.

● Zum einen kann eine Schwäche der Muskelkraft vorliegen, d.h., die anderen Funktionen, die mit den Beinen in Verbindung gebracht werden können, wie z.b. die Wahrnehmung von Kälte und Wärme, Druck oder Schmerz, sind nicht beeinträchtigt.

● Zum anderen kann die Propriozeption, also der Körperlagesinn, gestört sein (die Beine können bewegt werden, das Problem ist also nicht eine Schwäche). Wenn jemandem ein Bein »einschläft«, dann herrscht der Eindruck vor, als ob das Bein nicht mehr vorhanden wäre, »wie gelähmt sei«, aber es ist durchaus möglich, das Bein zu bewegen und zu belasten, nur hat man bei der Belastung den Eindruck, daß es nicht vorhanden wäre.

● Eine dritte Möglichkeit ist, daß die anderen beschriebenen Sinnesempfindungen gestört sind. Mißempfindungen, die von den Patienten z.b. als ein Bitzeln der Hautoberfläche oder ein Brennen beschrieben werden (*Parästhesien*). Manchmal beobachten sie eine reduzierte Empfindlichkeit (*Hypästhesien*) oder eine verstärkte Wahrnehmung von Empfindungen (*Hyperästhesien*).

Auch seelisch belastende Ereignisse und Erlebnisse können zu diesen Wahrnehmungen führen. Manchmal ist es so, daß bereits einmal eine organische Störung in diesem Bereich vorlag, z.B. eine kurzzeitige Lähmung, und – ähnlich wie wir es beim Schmerz kennengelernt haben – eine bereits angelegte »Schublade« im Gedächtnis geöffnet wird, in der Empfindungen und Gefühle abgespeichert sind, und die Patienten dann über ein ähnliches Beschwerdebild klagen.

Die Beschwerden beim Gehen können in manchen Fällen als Konversionssymptom verstanden werden, d.h. unbeteiligte Dritte können einen direkten zeitlichen Zusammenhang zwischen einem belastenden Ereignis und dem Entstehen des Symptoms ableiten, das der Patient selbst nicht wahrnehmen kann. Manchmal kann das Symptom auch symbolisch ausgedeutet werden, also im Sinne von Nicht-davonlaufen-Wollen oder -Können.

● Ein weiterer Bereich, der hier hineinspielt, ist die subjektive Wahrnehmung, nicht gehen zu können, weil die Kraft nicht ausreiche, um die Bewegung richtig koordinieren zu können, oder weil die »Beine wie Blei« seien. Hierbei handelt es sich um Symptome, die dem Bereich des Denkens und der Wahrnehmung zugeordnet werden können, also letztendlich eine psychische Symptomatik darstellen, die z.B. im Zusammenhang mit depressiven Krankheitsbildern beobachtbar sein kann.

Auch hier lassen sich sehr häufig Zusammenhänge aufzeigen zwischen Grundzügen der Persönlichkeit, Erlebtem in der eigenen Familie und der eigenen Lebensgeschichte. Psychogene Beschwerden können durch Ausschlußdiagnostik erkannt und psychotherapeutisch behandelt werden.

Häufig kann das eigentliche Symptom als eine Mischung aus verschiedenen Entstehungsmodellen verstanden werden.

Schwindel/Benommenheit
Bei den Formen von Schwindelsymptomatik unterscheidet man:

- diffusen Schwindel oder Schwankschwindel (das Gefühl, man könne auf den Boden stürzen, müsse sich festhalten, habe keine Kontrolle mehr über seinen Bewegungsapparat) und
- Drehschwindel, bei dem man das Gefühl hat, man sitze in einem Karussell oder werde gedreht, ohne daß man sich tatsächlich in einer solchen Situation befindet.

Das erste Symptom stellt bei psychosomatischen Patienten das häufigste dar. Oft glauben die Patienten unrealistischerweise, die Menschen um sie herum könnten sehen, daß sie keine Kontrolle mehr über sich haben und zu Boden stürzen könnten.

Sehr häufig mit dem Schwindelgefühl verknüpft ist ein Gefühl von Benommenheit. Die Betroffenen glauben, die Umgebung nicht mehr richtig wahrnehmen zu können, sich nicht mehr richtig konzentrieren zu können, haben das Gefühl, als ob der Kopf »wie im Nebel« sei, ein Druck im Kopf vorherrsche und ähnliches. Aus der Sicht des Patienten kann es tatsächlich so sein, daß es – ähnlich wie bei Sehstörungen – zu einer Einengung der Wahrnehmung, etwa des Gesichtsfeldes, kommen kann.

Die Schwindelsymptomatik und Benommenheit stellen die wichtigsten Symptome der Panikstörung oder Angsterkrankung dar, sind aber fast immer mit Angstgefühlen des Patienten (die der Patient selbst als Angst bezeichnen kann) verbunden. Auch diese Störungen sind psychische Erkrankungen, die mit Psychotherapie und entsprechenden Medikamenten gut behandelt werden können.

Wie entsteht Schwindel? Ein psychosomatisches Modell

Wir können uns vorstellen, daß in unserem Denken Informationen aus sehr unterschiedlichen Kanälen zusammenlaufen,

- dem Sehen,
- dem Gleichgewichtssinn,
- dem Hören und
- dem Lagesinn des Leibes.

Diese Informationen über den Zustand werden für den jeweiligen Augenblick zu einem ganzen Bild integriert, dem Körperschema, das wir uns als ein Gerüst unseres Selbst, so wie wir uns als Person wahrnehmen, vorstellen können. Diesem Gerüst werden unsere Gedanken, also Vorstellungen und Einstellungen, Körperphantasien und unsere Gefühle zugeordnet. Wir sprechen dann vom Körperbild. Dieses Körperbild macht nur einen Sinn, wenn jeder Augenblick abgespeichert wird; es entsteht sozusagen eine Gedächtnisspur des Körpers.

Das kann man sich vorstellen wie ein Tonband mit verschiedenen Kanälen. Kommt es hier zu einer Fehlfunktion während des Abgleichs dieser miteinander verbundenen »Kanäle«, so führt dies, ähnlich wie es bei einem Orchester vorstellbar ist, bei dem einige Instrumente verstimmt sind, zu einem Gesamteindruck mit Mißtönen, der nun auf der Ebene des Körperbildes mit dem Symptom des Schwindels vergleichbar ist.

Der wichtigste Behandlungsansatz besteht darin, dem Patienten ein Verständnis für diese Grundlagen zu vermitteln. Damit kann ihm die Notwendigkeit besser verdeutlicht werden, daß seelischer Druck abgebaut werden muß, denn durch diesen wird das ganze geordnete Netzwerk unter Spannung versetzt, verzerrt oder gar »zum Zerreißen« gebracht, wie es manche Patienten in Form einer Panikattacke erleben. Sehen Sie hierzu Abbildung 8,

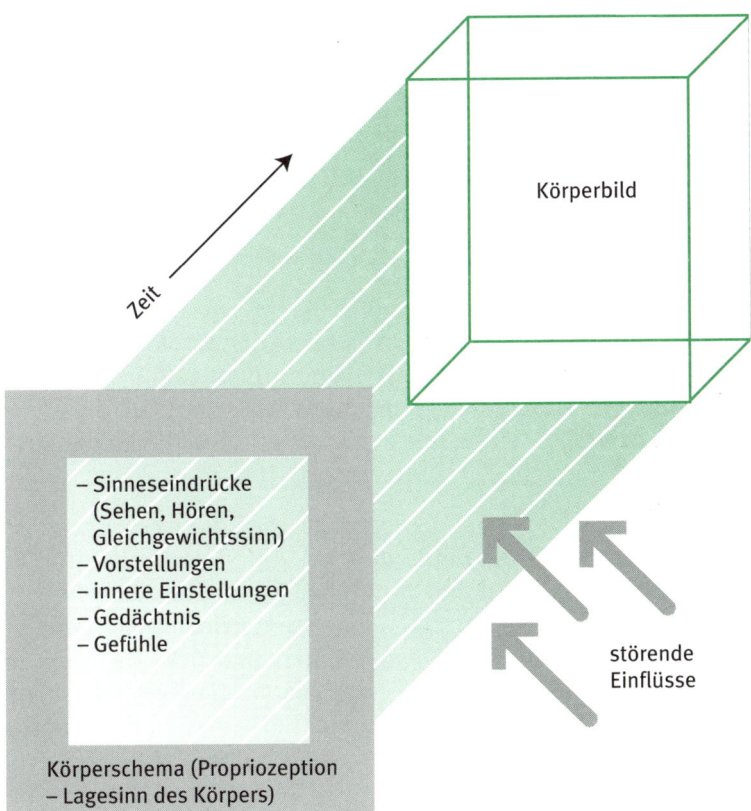

- Sinneseindrücke
  (Sehen, Hören,
  Gleichgewichtssinn)
- Vorstellungen
- innere Einstellungen
- Gedächtnis
- Gefühle

Körperschema (Propriozeption
- Lagesinn des Körpers)

Körperbild

störende
Einflüsse

Zeit

Abb. 8

in der eine nicht körperlich begründbare Störung im Körperbild
schematisch erklärt wird.

Brennen im Unterleib oder im Mastdarm

Diese Symptome können entweder den Geschlechtsorganen
oder dem letzten Abschnitt des Dickdarms zugeordnet werden.
Ausgeschlossen werden muß an dieser Stelle, ob das Beeinträch-
tigungserleben nicht ausschließlich auf Phasen sexueller Aktivität (meistens während des eigentlichen Geschlechtsverkehrs)
begrenzt ist, denn dann ist es als eine sexuelle Funktionsstörung
zu betrachten.

Auch im Bereich der Geschlechtsorgane oder des Rektums können Symptome entstehen, denen eine symptomatische Infektion vorausgegangen ist,

* etwa Durchfall oder
* ein entzündliches Geschehen, z.b. eine nässende Entzündung des Afters, die dann reflektorisch zu einer Verkrampfung der Muskulatur in diesem Bereich führt.

Dadurch werden die mit sensiblen Nerven durchsetzten Haut- und Schleimhautstrukturen im Bereich der Hautöffnungen einem erhöhten Druck ausgesetzt, der zu dem Gefühl des Brennens führt. Gleiches gilt auch für die Scheide der Frau, die – anatomisch gesehen – einen mit Schleimhaut ausgekleideten Muskelschlauch darstellt.

Man kann sich hier ebenfalls vorstellen, daß dieses sehr unangenehme Brennen dazu führt, daß ein Art »Schublade« im Gedächtnis angelegt wird. Mit »Krankheit« assoziierte Empfindungen, die in dieser Körperregion auftreten, bringen dann ein erneutes Auftreten eines solchen Schmerzeindrucks mit sich. In Abbildung 9, Seite 125, wird ein Schema einer psychosomatischen Symptomentstehung nach einer körperlichen Erkrankung dargestellt.

Wie bei allen psychosomatischen Schmerzstörungen gilt auch hier, daß das Schmerzgeschehen im Lebenszusammenhang des Patienten verstanden werden sollte und deshalb durchaus auch äußere Faktoren, wie

* Spannungen in der Partnerschaft,
* Vereinsamung oder
* andere soziale oder psychische Belastungsfaktoren

berücksichtigt werden sollten.

Die Wechselwirkung zwischen äußeren Faktoren und eigenen Gefühlen veranlassen den Patienten, die genannten Empfindungen zu schildern.

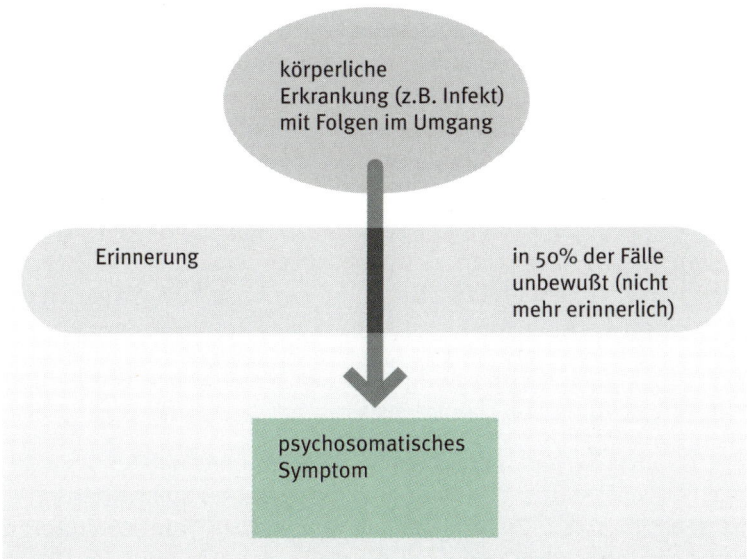

körperliche
Erkrankung (z.B. Infekt)
mit Folgen im Umgang

Erinnerung

in 50% der Fälle
unbewußt (nicht
mehr erinnerlich)

psychosomatisches
Symptom

Abb. 9

Vegetative Beschwerden

Die zur Aufrechterhaltung der Lebensfunktionen dienenden Organe wie das Herz-Kreislauf-System, die Schweißdrüsen zur Temperaturregulation, der Verdauungstrakt und die Verdauungsfunktionen werden durch ein eigenes Nervensystem gesteuert, das autonome oder vegetative Nervensystem.

Es bestehen enge Wechselwirkungen zwischen dem zentralen Nervensystem und dem vegetativen, doch kann letzteres auch praktisch als ein eigenständiges System aufgefaßt werden. Organfunktionen, die in erster Linie durch das vegetative Nervensystem gesteuert werden, sind nur in einem geringen Umfang direkt willentlich zu beeinflussen. Zum Beispiel kann der Durchmesser der Bronchien in Abhängigkeit von den Anforderungen, die an das Atmungsorgan gestellt werden, schwanken. Die Weite des Kalibers der Luftwege ist jedoch mit dem Willen kaum zu beeinflussen (siehe auch »Atemwege«, Seite 134).

Starkes Schwitzen

Die Schweißbildung dient in erster Linie der Temperaturregulation. Durch die Verdunstung entsteht über der Haut eine Verdunstungskälte. In Situationen starker Erregung, die zu einer vermehrten Durchblutung aller Organe und der Muskulatur und damit zu einer Anhebung der Körperkerntemperatur führen, ist eine Herunterregulation der Temperatur durch den Schweiß eine physiologisch sinnvolle Reaktion. Es sind nicht alle Körperstellen gleich dicht mit Schweißdrüsen versorgt. Das starke Schwitzen im Bereich der Stirne und der Nase läßt sich auch als Folge einer vermehrten Durchblutung des Kopfes verstehen.

Bei manchen Menschen stellen sich die körperlichen Flucht- und Kampfreaktionen auch unter psychischer Belastung ein.

Die Balance zwischen den beiden Teilkomponenten des vegetativen Nervensystems, des Sympathikus und des Parasympathikus, ist sehr komplex. Zudem gibt es noch andere Einflußfaktoren wie Hormone oder andere Botenstoffe des Gehirns, die dieses Wechselspiel mit beeinflussen. Dies erklärt, daß sich die physiologischen Reaktionsmuster der Menschen auch einmal verändern können und jemand, der nie stark geschwitzt hat, plötzlich bemerkt, daß er zu vermehrtem Schwitzen tendiert.

Das Schwitzen kann aber auch Ausdruck einer körperlichen Erkrankung sein; deshalb ist beim erstmaligen Auftreten einer solchen Symptomatik eine genaue Abklärung sinnvoll. Zudem ist zu bemerken, daß das vegetative Nervensystem Tagesschwankungen unterliegt.

Jemand, der z.B. nachts sehr stark schwitzt, muß nicht unbedingt tagsüber schwitzen. Zwischen den Reaktionsmustern des vegetativen Nervensystems und den Gefühlen gibt es enge Verbindungen.

Dabei ist zu beachten, daß Gefühle wie Angst nicht unbedingt bewußt sein müssen. Verdrängungsmechanismen zum Schutz der eigenen Psyche können sich so auswirken, daß die Gefühle von den Menschen nicht wahrgenommen werden. Deshalb ist es sinnvoll, nach äußeren Belastungsfaktoren, z.B. im sozialen Umfeld, zu suchen.

Harnverhalten oder Probleme beim Wasserlassen

Um die Funktion genauer zu verstehen, muß man sich auch hier verdeutlichen, daß sich – ähnlich wie beim Phänomen des starken Schwitzens erläutert wurde – das vegetative Nervensystem als ein Komplex aus zwei Hauptbausteinen vorstellen läßt. Auch die Muskulatur der Harnblasenwand wird durch das parasympathische und sympathische Nervensystem gesteuert, insbesondere die nicht willkürlich innervierten Schließmuskeln, die zusätzlich an der Austrittstelle der Harnröhre sitzen und die durch einen »sympathischen Nervenreiz« verkrampfen können (siehe Abbildung 10).

Dies erklärt, warum jemand in großer Angst etwa auch plötzlichen Harndrang verspürt, aber auch Probleme mit dem Wasserlassen bekommen kann. Man kann sich vorstellen, daß bei Patienten mit psychosomatischen Beschwerden im Bereich der Harnentleerung das Wechselspiel zwischen diesen verschiedenen Teilkomponenten, also der willkürlich innervierten Muskulatur und der vegetativ gesteuerten Blasenmuskulatur außer Balance

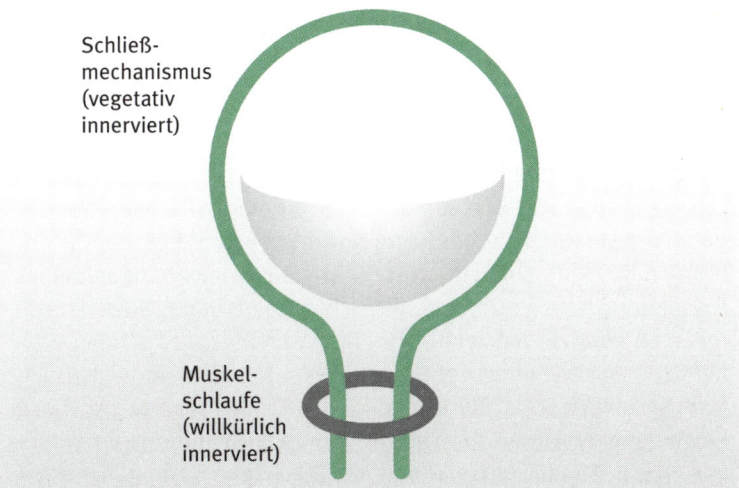

Schließ-
mechanismus
(vegetativ
innerviert)

Muskel-
schlaufe
(willkürlich
innerviert)

Abb. 10

geraten kann. Auch hier kann eine Wechselwirkung mit dem Gefühlserleben und äußeren oder innerpsychischen Belastungsfaktoren deutlich werden. Insbesondere der Aspekt der Scham ist bei Symptomen der Geschlechts- und harnableitenden Organe mit zu bedenken.

Streßinkontinenz

Der Begriff Streßinkontinenz bezieht sich nicht wie sonst üblich im Buch auf den psychischen Streß, sondern auf körperliche Belastungen, z. B. Lachen, Husten, Springen oder schweres Heben, also Aktivitäten, die mit einer Erhöhung des Druckes im Bauchraum verbunden sind. Die Muskelschläuche und das Bindegewebe, das die Harnröhre, die die Blase im unteren Anteil verläßt, umgeben, sind »ausgeleiert«, so daß die Druckerhöhungen im Bauchraum zu einem Austritt von Urin führen. Meistens ist dies nach einer Schwächung des Beckenbodens, z. B. nach einer Geburt, zu beobachten. Dem kann durch Beckenbodengymnastik vorgebeugt werden. Insbesondere im Alter kann zusätzlich eine Rolle spielen, daß Veränderungen der Hormonspiegel zu einer Veränderung der Schleimhaut, die die Harnröhre im Inneren auskleidet, führen und somit ebenfalls eine Inkontinenz bedingen können.

Dranginkontinenz

Die Dranginkontinenz im Gegensatz dazu ist durch starkes Zusammenziehen der Blasenmuskulatur bedingt, die ebenfalls vegetativ gesteuert wird, und zum Auftreten von plötzlichem Harndrang führt. Am häufigsten tritt dies im Zusammenhang mit einer Blasenentzündung auf, denn die Schleimhaut in der Blase ist dadurch so gereizt, daß relativ geringe Dehnungsreize schon zu einem Zusammenziehen der Blase führen. Mit Hilfe der willkürlich invertierten Muskelschläuche kann der Schließapparat der Blase kaum dagegenwirken. Manchmal können auch andere Erkrankungen, wie z. B. ein Steinleiden in der Blase oder Verengungen der Harnröhre, ursächlich für die Dranginkontinenz sein. Auch eine Kombination von Streß und Dranginkontinenz ist zu beobachten.

Für psychosomatische Patienten mit Symptomen des Urogenitaltrakts ist wichtig, daß bestimmte Medikamente, z.b. Antidepressiva, die manchmal zur Behandlung derartiger Störungen eingesetzt werden, als Nebenwirkung eine Störung einen Harnverhalt bedingen können. Natürlich muß ein plötzlich auftretender Harnverhalt weiter diagnostiziert werden. Dann muß das Medikament eventuell abgesetzt werden.

Magen-Darm-Symptome

Zur Anatomie und zur Funktionsweise des Magen-Darm-Traktes wurde einiges schon im Abschnitt »Schmerz« (»Leibschmerzen«, siehe Seite 102) aufgeführt. Es soll nun auf Beschwerden in diesem Bereich eingegangen werden, die nicht unbedingt schmerzhaft sein müssen.

Erbrechen   Erbrechen als physiologische Reaktion im Zusammenhang mit Magen-Darm-Infekten ist relativ häufig. Es dient dazu, den Körper von ihm schadenden Stoffen, z.b. verdorbenen Lebensmitteln oder Substanzen, die in einer zu hohen, dem Körper schädlichen Dosis, zugeführt wurden, zu befreien. Der Ablauf des Erbrechens ist willkürlich nicht zu beeinflussen, es gibt jedoch Menschen, die sich durch wiederholtes, selbstinduziertes Erbrechen, z.b. durch Reizung der Mundschleimhaut im Gaumenbereich, so trainieren können, daß sie durch Gedanken spontan Erbrechen auslösen können (oder auch unterdrücken – wie etwa Schwertschlucker im Zirkus).

Das Würgen, häufig auch in Verbindung mit Ekelgefühlen, kann auch durch den Gedanken an Substanzen oder Nahrungsmittel, die man einmal nicht vertragen hat, ausgelöst werden. Erbrechen ist als körperliche Entsprechung von starken Ekelgefühlen eines der Grundgefühle des Menschen. Macht man sich das Überwiegen der vegetativen Steuerung deutlich, ist vorstellbar, daß eine Erregung des Vegetativums, z.b. durch Streßeinwirkungen, bei manchen Menschen ebenfalls zu Erbrechen führen kann.

Übelkeit   Die Übelkeit stellt einen Beschwerdekomplex dar, der aus verschiedenen Anteilen zusammengesetzt sein kann.

● Zum einen kann unbewußtes Luftschlucken oder eine starke Dehnung des oberen Anteils des Magens zu vermehrten, auch rückwärts gerichteten Bewegungsmustern des Magens und der Speiseröhre führen, die wie ansatzweises Würgen wirken. Durch Verbindungen zu Nervenzellen des Mittelhirns, in denen die anatomischen Entsprechungen für das Gefühlsleben sitzen, wird dabei auch die Empfindung der Übelkeit ausgelöst.

● Die zweite Komponente hat eine zentralnervöse Ursache. Übelkeit kann auch ein Symptom einer »Bewegungskrankheit«, z.b. der Seekrankheit, sein. Bei einer Irritation des Gleichgewichtsorgans tritt sie als begleitendes Gefühl auf.

Eine mögliche Ursache, weshalb Übelkeit in Verbindung mit Störungen des Gleichgewichtsorgans verknüpft sein kann, ist möglicherweise die strukturelle Nähe der Nervenzellen, die für den Gleichgewichtssinn im Stammhirn zuständig sind.

Blähungen   Mit jedem Bissen, den wir zu uns nehmen, verschlucken wir eine Portion Luft, ebenso beim Leerschlucken. Aufregung oder Streß können zu einer vermehrten Aktivität des vegetativen Nervensystems führen, damit zu vermehrtem Schlucken und dadurch auch zu vermehrtem Luftschlucken. Diese Vorgänge können für den Patienten unbewußt verlaufen. Ohne daß wir uns dessen gewahr sind, sammelt sich also eine gehörige Menge Luft im Magen an, die normalerweise in den Dünndarm weitergegeben und dort in Richtung Darmausgang transportiert wird. Zu der Luft, die geschluckt wird, kommen im Dickdarm noch Gase dazu, die durch die bei allen Menschen im Darm lebenden Bakterien bei der Aufspaltung von Nahrungsmittelresten und abgestorbenen Zellen entstehen.

Die geschluckte Luft und die Gase gehen normalerweise als Winde ab. Bei Beweglichkeitsstörungen des Darmes, die keine organische Ursache haben müssen, sondern einfach Fehlbewegungsmuster darstellen, können sich größere Luftmengen im Bereich des Darmes ansammeln, die der Patient dann als Blähungen wahrnimmt.

Sammeln sich Luft oder Gase im Magen an, verursacht dies ein Völlegefühl; eine vermehrte Luftansammlung im Darmbereich wird auch *Meteroismus* genannt. Ein vermehrtes Abgehen von Winden wird als *Flatulenz* bezeichnet. Das Gluckern, das manchmal im Bauch wahrgenommen oder gehört werden kann, ist letztlich das akustische Echo der Bewegungen von Flüssigkeit in den luftgefüllten Darmabschnitten. Die Darmmuskulatur zieht sich rhythmisch im Minuten- bis 15-Minuten-Takt zusammen. Hierdurch bilden sich Abschnürungen, die die Darmkammern voneinander getrennt halten und die Verdauungsaktivität in diesen Kammern verbessern. Daneben dient dieses phasenweise Abschnüren dazu, die Nahrungsstoffe und die abgeschilferten Zellen sowie die Flüssigkeit weiterzutransportieren und die Flüssigkeitsrückresorption zu erleichtern. Durch die Aufdehnung durch diese Luftansammlungen des Darmes kann es – wie im Abschnitt Leibschmerzen beschrieben – zu einer Schmerzsymptomatik kommen.

Diarrhö (Durchfall) Vielen Menschen ist nicht bekannt, daß die Nahrungsmittel, die sie aufnehmen, bis auf die in manchen Lebensmittel enthaltenen Ballaststoffe komplett im Dünndarm aufgespalten und durch die Darmwand aufgenommen werden. Der feste, geformte Stuhl, den wir absetzen, besteht zu 80 % aus Wasser. Die festen Bestandteile des Stuhls sind in erster Linie die nicht mehr benötigten Darmzellen und in zweiter Linie Ballaststoffe.

Über einen Zeitraum von 24 Stunden werden etwa 2 Liter Magensaft, 2 Liter Bauchspeicheldrüsensaft und Galle produziert, die neben den etwa 2 ½ Litern Flüssigkeit, die wir als Getränke zu uns nehmen, durch den Darm fließen. Vergleicht man daneben die 200 g Stuhl, die wir durchschnittlich täglich ausscheiden, wird deutlich, wieviel Wasser über die Darmfläche, besonders des kurzen Abschnittes des Dickdarmes, wieder rückresorbiert wird. Somit wird verständlicher, daß eine Entzündung des Darmes zu Durchfall führen kann.

Durchaus unterschiedlich ist die Konsistenz des normalen Stuhls. Der Stuhl kann fest und geformt, aber auch weich und geformt sein. Manche Menschen scheiden immer einen breiigen Stuhl aus. Die Darmlänge und die Rückresorptionsflächen können individuell sehr unterschiedlich sein, insgesamt mißt der Darm zwischen 6 und 9 Metern Länge. Es gibt auch Menschen, bei denen die Stuhlkonsistenz wechselt. Dies kann wieder durch die unterschiedliche Aktivität des vegetativen Nervensystems erklärt werden, das wiederum auch im Zusammenhang mit den Gefühlen steht. Als ein Beispiel sei hier die sogenannte nervöse Diarrhö genannt, eine Störung, die viele Menschen etwa vor einer Prüfungssituation bemerken.

Für die körperliche Gesundheit ist es nicht notwendig, jeden Tag Stuhlgang zu haben. Manchmal kann dem Stuhlgang auch Schleim beigemengt sein. Dieser Schleim wird durch Drüsenzellen, die jeder Mensch besitzt und die im Dickdarm liegen, produziert. Der Schleim dient dazu, den Zusammenhalt der festen Partikel des Stuhles, also der Zellreste zu gewährleisten und ist in der Regel nicht direkt sichtbar.

Manche Menschen, bei denen dieses Symptom zu beobachten ist, haben aber entzündliche Darmerkrankungen; deshalb ist es bei diesem Symptom wichtig, einen Gastroenterologen aufzusuchen.

Schleimauflagerungen können aber, ist eine körperliche Erkrankung ausgeschlossen, durchaus ein Symptom einer psychosomatischen Erkrankung sein. Denn auch diese schleimbildenden Drüsen sind ja durch das vegetative Nervensystem gesteuert und können, wenn dieses außer Takt gerät, eine übermäßige Produktion und damit sichtbare Schleimauflagerung auf dem Stuhl mit sich bringen.

Unverträglichkeit von Speisen Die psychosomatischen Symptome wie Erbrechen, Übelkeit, Blähungen oder Diarrhö werden von manchen Patienten auf die Zufuhr von bestimmten Nahrungsmitteln zurückgeführt. Tatsächlich ist es so, daß es in ganz seltenen Fällen zu einer spezifischen Nahrungsmittelallergie oder einer besonderen individuellen Unverträglichkeit von gewissen Lebensmitteln kommt. In diesen Fällen werden die entsprechenden Enzyme im Verdauungstrakt (früher Fermente genannt), die das Aufschließen dieser Nahrungsmittel wie z.B. des

Milchzuckers oder des Sorbits ermöglichen, nicht hergestellt. Werden diese Nahrungsmittel unaufgeschlossen verdaut, kommt es zu Durchfällen. In Verbindung damit können Veränderungen der Magen-Darm-Beweglichkeit, der Empfindungen in diesem sowie Krämpfe entstehen.

Die Vermutung, daß bestimmte Speisen für Symptome verantwortlich sein könnten, wird auch durch den Tatbestand erhärtet, daß bei einer Nahrungsmittelkarenz, also dem Nüchternbleiben, eine relative Beschwerdefreiheit eintritt, da der Darm ja in diesem Moment keinen Stoffwechsel betreibt. Das vegetative Nervensystem, das den Darm steuert, wird weniger gefordert und ist dadurch auch weniger störanfällig. Oft liegen Mischformen einer Nahrungsmittelunverträglichkeit und einer psychosomatischen Störung vor. Bestehen die hier beschriebenen Beschwerden trotz einer strengen, konsequenten Diät über einen Zeitraum von 14 Tagen weiter, kann dies als Beleg für die psychosomatische autonome Funktionsstörung gewertet werden. Grundsätzlich kann also die Beobachtung einer Unverträglichkeit von bestimmten Speisen auch als ein psychosomatisches Symptom verstanden werden.

Schwierigkeiten beim Schlucken

Über den Lagesinn, der uns über die relative Bezogenheit von unseren Körperteilen zueinander informiert, wurde bereits im Abschnitt »Schmerzen in den Gelenken« (Seite 108) berichtet. Auch im Bereich der inneren Organe, also auch des Magen-Darm-Trakts, besitzt der Mensch sogenannte Propriozeptoren, die uns etwas über die Bewegungen dort und die relative Lage »sagen«. Jedoch sind diese Nerven nicht so dicht gestreut wie z.B. in den Gelenkkapseln. Deshalb können wir im Bereich des Bauches z.B. ein Drücken vernehmen oder hätten auch bei größeren Tumoren im Bauchraum Mißempfindungen. Auch hier stellt dieses System also eine wichtige Informationsquelle dar.

Nun besteht eine anatomische Nähe zwischen dem Kehlkopf, den oberen Luftwegen und der Speiseröhre. Dies erklärt, warum man bei Schwellungen und Entzündungen im Halsbereich auch Schluckbeschwerden verspüren kann.

Eine Beeinträchtigung der Schluckfunktion oder des Luftholens wird als relativ bedrohlich erlebt. Dies erklärt, warum gerade diese Empfindungen – mit Angstgefühlen verbunden – als Gedächtnisspuren abgespeichert werden können und in Situationen, in denen ein Angstgefühl auftritt, als damit gekoppelte Körperwahrnehmung wieder vom Patienten wahrgenommen werden können.

Herz- und Atembeschwerden
Von den aufgeführten Schmerzzuständen im Bereich der Brust können weitere Beschwerden abgegrenzt werden.

Kurzatmigkeit/Atemnot (nicht bei Anstrengung) Normalerweise atmet der Mensch etwa 15mal pro Minute. Ähnlich wie die Herzleistung hat auch unsere Atmung eine große Leistungsbreite. Das Spektrum reicht vom flachen Atmen während der Ruhephasen bis hin zu einem extrem beschleunigten und vertieftem Atmen während schwerer körperlicher Belastung. Gesteuert wird die Lungenfunktion wiederum durch das vegetative Nervensystem.

Auch ohne eine vermehrte Anforderung aufgrund einer erhöhten körperlichen Leistung kann sich die Atemfrequenz verändern. Wenn dann noch die Aufmerksamkeit auf den Atemvorgang gelenkt wird, kann der Gesamtkomplex als Kurzatmigkeit oder Atemnot wahrgenommen werden.

Wichtig bei dieser psychogenen subjektiven Atemnot ist, daß sie bei tatsächlicher Körperbelastung wieder verschwindet. Die Anforderungen der Realität drängen also die durch psychische Faktoren eingeleitete Beeinflussung des Vegetativums und damit die Reaktion im Bereich der Atmung in den Hintergrund.

Wie auch bei den anderen bisher geschilderten Symptomen liegt Grund zur Annahme vor, daß durch eine zeitweise entzündliche Veränderung der oberen Atemwege nach Infekten, die häufig sind und zu Veränderungen der Atemfunktion führen können, eine Erinnerungsspur angelegt wird, mit der das Gefühl einer beeinträchtigten Atmung gespeichert wird. Weil Atemnot als etwas sehr Bedrohliches erlebt werden kann, wird damit möglicherweise auch eine Angstfreisetzung verbunden. Beim Anlegen der

Gedächtnisspur wird somit die Empfindung, nicht genügend Luft bekommen zu können, mit einem Gefühl der Angst verknüpft.

Herzklopfen (Palpitationen)   Eine genauere Analyse der Abstände der Herzschläge zeigt, daß sich hinter einer scheinbar regelmäßigen Wiederkehr der Schläge jedoch eine deutliche Variabilität verbirgt. Sogenannte Herzratenuntersuchungen verdeutlichen dies.

Das Nervensystem des Herzens wird – wie alle Organe – auch durch das vegetative Nervensystem beeinflußt.

Das parasympathische Nervensystem bremst, das sympathische steigert die Schlaghäufigkeit. Zusätzlich spielen hier wieder Hormone eine wichtige Rolle (Adrenalin). Bei diesen komplexen Wechselwirkungen und der Notwendigkeit, flexibel zu reagieren, ist der Körper so angelegt, daß es immer wieder zu zusätzlichen Herzschlägen kommen kann. Diese im Volksmund als »Herzstolpern« bezeichnete Wahrnehmung kann in seltenen Fällen auch Ausdruck einer schwerwiegenderen Rhythmusstörung sein. Deswegen wird bei der grundsätzlichen Abklärung von Beschwerden ein Elektrokardiogramm (EKG) vom Hausarzt durchgeführt. Wenn immer wieder anfallsweise Phasen mit schnellem Herzschlag auftreten, wird der Hausarzt ein Langzeit-EKG veranlassen.

Bringt die Messung normale Ergebnisse, ist die Wahrscheinlichkeit, daß eine behandlungsbedürftige Herzrhythmusstörung vorliegt, sehr gering. Herzstolpern wird, wenn es wahrgenommen wird, meist in Ruhephasen verspürt, z.B. beim nächtlichen Erwachen aus dem Schlaf, insbesondere wenn sich die Aufmerksamkeit auf den eigenen Körper richtet.

Manchmal kann ein Herzstolpern auch dadurch ausgelöst werden, daß vom Bauchraum ein Druck gegen das Herz ausgeübt wird, z.B. durch die Magenblase, die sich durch unbewußt geschluckte Luft, z.B. während des Schlafes, ausgedehnt hat. Auch das hier beschriebene Herzklopfen verschwindet, wenn eine leichte körperliche Belastung begonnen wird.

Sexuelle Beschwerden

Für das Fortbestehen der Menschen haben sexuelle Triebe eine große Bedeutung.

Sexualität zu erleben ist nicht notwendigerweise abhängig davon, einen Partner zu haben, sexuelle Phantasien können auch unabhängig davon entstehen. Sexualität stellt aber einen Bestandteil von einer Partnerbeziehung dar, insbesondere ist sie auch Ausdruck der Nähe der Beziehung und damit anfällig für Störungen derselben. Sie kann auch ein früher Hinweis auf andere Konflikte in diesem Bereich sein, die noch nicht bewußt geworden sind.

Grundsätzlich können drei Hauptgruppen von Beschwerden in diesem Bereich voneinander differenziert werden,

- zum einen ein Wahrnehmen eines mangelnden Bedürfnisses,
- zum anderen die tatsächliche organische Unfähigkeit, sexuelle Kontakte zu haben,
- zum dritten, wenn die Organfunktion zwar vorhanden ist, aber ein Berührtwerden nicht mehr als sexuell erregend erlebt wird.

Schmerzen beim Sex Schmerzen können sowohl von der Frau als auch vom Mann beklagt werden. Anatomisch gesehen ist der »Muskelschlauch«, der die Scheide bildet, willkürlich kaum innerviert. Ähnlich wie psychische Belastungen zu einer Veränderung der Motilität im Magen-Darm-Bereich führen können (siehe hierzu auch Abschnitt »Leibschmerzen«, Seite 102), sind gerade

- die Nähe zwischen zwei Menschen während des Geschlechtsverkehrs mit den Aspekten einer sich verfestigenden bzw. nachlassenden Beziehung, der Selbstaufgabe und der Abhängigkeit bzw.
- der Aspekt einer möglichen Kinderzeugung

wichtige Komponenten, die Schmerzen in diesem Bereich während des Verkehrs erklärlich machen.

Abgegrenzt werden kann der Schmerz, der im Zusammenhang mit einem Orgasmus entstehen kann und letztendlich Folge der unwillkürlichen Muskelzuckungen ist. Muskelfasern finden sich sowohl in der Klitoris als auch in der Harnröhre oder den von den Hoden ausgehenden Samenleitern, die man sich ebenfalls anatomisch als nicht willkürlich innervierte Muskelschläuche vorstellen muß.

Dieses Schmerzerleben kann jedoch durchaus auch als lustvoll interpretiert werden. Auch hier wird deutlich, welche Bedeutung es hat, wohin die Aufmerksamkeit des Individuums gerichtet ist bzw. welche Denkmuster mit Empfindungen oder Aktivitäten verknüpft sind.

Sexuelle Gleichgültigkeit Den Patienten fällt auf, daß sie

- keine sexuellen Phantasien mehr haben,
- sich durch Bilder, die mit Sexualität assoziiert werden können, nicht mehr angesprochen fühlen und auch in sich keine sexuellen Impulse mehr bemerken.

Diese Symptome können z.B. im Zusammenhang mit einer Depression auftreten. Falls andere Hinweise für das Vorherrschen eines solchen Krankheitsbildes fehlen, können sie durchaus auch als ein Symptom von Somatisierungsstörungen oder somatoformen Störungen gesehen werden.

Wir können uns dieses Symptom als eine Folge von innerpsychischen Abwehrvorgängen vorstellen. Das lustvolle Empfinden des Sexualtriebes wird nicht mehr wahrgenommen, ähnlich, wie wenn jemand im Zusammenhang mit einem Trauerfall oder dem Ekel nach einer Magen-Darm-Infektion durch ein verdorbenes Lebensmittel keinen Appetit mehr verspürt.

In der Regel ist die Ursache in der aktuellen Partner- oder Lebenssituation zu finden. Ein besonderes Problem stellen die Überlastung durch Arbeit oder existentielle Sorgen in der Familie dar.

Impotenz Darunter versteht man eine Funktionsstörung des männlichen Genitalorgans. Die Patienten erleben, daß sich trotz sexueller Erregung das Glied nicht versteift. Diese Störung kann auch organische Ursachen haben, z.B. bedingt sein durch Veränderungen am Gefäßsystem, u.a. im Zusammenhang mit einer Zuckerkrankheit. Wie häufig die Störung psychisch bedingt ist, läßt sich nur schwer sagen, die Zahlen schwanken zwischen 10 und 50 %, je nach Qualität der apparativen Untersuchungstechniken, die eingesetzt wurden. Die Schwellung des Gliedes wird vermittelt über das vegetative Nervensystem. Normalerweise kommt es während des Schlafes auch ohne das Vorhandensein direkter sexueller Reize zu Erektionen, also Versteifungen des Gliedes, und zwar im Durchschnitt etwa dreimal pro Nacht.

Dies stellt auch eine Möglichkeit dar, die Bedeutung der psychischen Komponente einzuschätzen, denn sehr häufig sind bei psychogener Impotenz – also einer durch seelische Faktoren bedingten – die Spontanerektionen während des Schlafes beobachtbar, aber ein sexueller Reiz im Wachzustand nicht mit einer organischen Antwort verbunden. Auch hier spielt die enge Verbindung der Zentren im Gehirn, die über das vegetative Nervensystem ihre Impulse erhalten und derjenigen, die das Gefühlsleben auf der biochemischen Ebene repräsentieren, eine Rolle. Insbesondere Partnerschaftskonflikte, die auch unbewußt sein können, beeinflussen das Gefühlsleben. Häufig haben auch existentielle Sorgen oder Berufsstreß sowie körperliche Erschöpfung eine Bedeutung. Stellt sich das Symptom der Impotenz ein, ist genau abzuklären, ob eine depressive Störung vorliegt.

Frauenspezifische körperliche Probleme

Dazu gehören in erster Linie Beeinträchtigungen der Befindlichkeit im Zusammenhang mit der Menstruation und als spezielleres Symptom das Erbrechen während der gesamten Schwangerschaft. Es existiert nicht nur eine enge Wechselbeziehung und Verschaltung des Vegetativums mit den Zentren im Nervensystem, die im Zusammenhang mit den Gefühlsempfindungen stehen, sondern auch mit dem endokrinen System. Praktisch alle Organe werden in Teilfunktionen oder in ihrem Wachstum auch durch Hormone gesteuert.

Die Hormonkonzentration unterliegt einem Rückkopplungsmechanismus, der über verschiedene Ebenen abläuft, sehr komplex ist und zeitlichen Schwankungen unterliegt. Unterschieden werden

- zum einen Schwankungen im 24-Stunden-Ablauf,
- zum anderen die Veränderung im Rahmen des Monatszyklus.

Daneben sind aber auch Schwankungen über das Jahr hinweg zu beobachten.

Als Hormone werden z.b. das Cortisol, das Adrenalin, das Testosteron, die Schilddrüsenhormone (TSH, T3, T4), das Prolactin (PL) sowie das follikelstimulierende Hormon (FSH) bezeichnet. Besonders erforscht ist das Cortisol (siehe Abbildung 11).

Für dieses Hormon ist der Zusammenhang zwischen Veränderungen des Hormonspiegels und der Stimmungslage bestätigt worden. Ebensogut erforscht ist, daß starker körperlicher Streß und seelische Belastungen zu Veränderungen des Hormonhaushaltes führen können. Streßfaktoren können auch einen Einfluß auf den Zeitpunkt des Eisprungs haben, ebenso wie z.B. körperli-

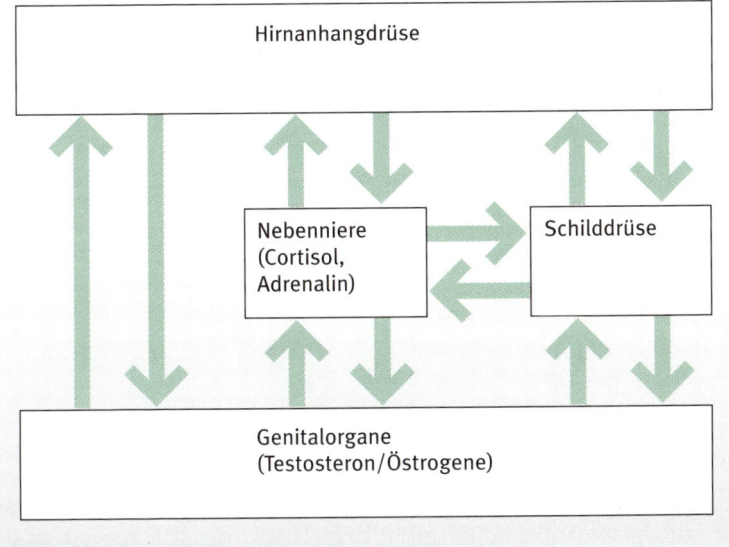

Abb. 11

che Erkrankungen, etwa schwere Erkältungen mit Fieber. Die Wechselwirkung zwischen Gefühlslage und Hormonhaushalt tritt in den sogenannten Wechseljahren der Frau manchmal deutlich hervor.

Unregelmäßige Menstruation   Bewußte und unbewußte psychische Belastungsfaktoren, aber auch körperlicher Streß oder Erschöpfung können zu Veränderungen des Monatszyklus führen. Eine deutliche Veränderung der Stimmung, z.b. im Zusammenhang mit einem depressiven Syndrom, kann ebenso eine unregelmäßige Menstruation bedingen.

Schmerzhafte Menstruation   Es ist selbstverständlich, daß eine organische Ursache der Schmerzen im Zusammenhang mit der Menstruation ausgeschlossen werden muß. Die Erklärungsmodelle, die bei den Schmerzsymptomen im Bereich des Leibes Anwendung finden, gelten im Prinzip auch für den Menstruationsschmerz (siehe Seite 102). Insbesondere ist vorstellbar, daß die Schmerzempfindungsschwelle sich im Zusammenhang mit Veränderung der Hormonspiegel ebenfalls verändern kann. Hierfür gibt es auch experimentelle Belege. Eine weitere wichtige Bedeutung hat gerade auch in unserer Zivilisation häufig der zwiegespaltene und schambehaftete Umgang mit der Reifung zur Frau, der Fruchtbarkeit und dem Verhältnis zur Sexualität.

Verstärkte/übermäßige Blutungen   Hier ist es ebenfalls wichtig zu überprüfen, ob eine körperliche Ursache die Blutungen erklären kann.

Es ist aber auch vorstellbar, daß durch das Zusammenspiel

- des vegetativen Nervensystems, das auch mit der Gebärmutter verbunden ist,
- der Hormone und
- der Neurotransmitter

tatsächlich auch eine Veränderung der Durchblutung, der Selbstheilungskräfte der Schleimhaut oder des Immunsystems zu einer verstärkten Blutung führen kann.

Finden sich dafür keine Hinweise, können folgende Erklärungen herangezogen werden: Objektiv kann das Ausmaß der Blutung im Rahmen der normal beobachteten Schwankungsbreite liegen, die Patientin kann aber subjektiv durchaus den Eindruck haben, daß es sich um eine starke Blutung handle.

Das Symptom ist somit ein Problem auf der Wahrnehmungsebene. Dies kann unterschiedlichste Ursachen haben.

● Zum einen kann durch die Lebensgeschichte bereits eine verstärkte Bahnung der Wahrnehmung der eigenen Geschlechtsorgane stattgefunden haben, z.b. durch Operationen in der Vergangenheit, durch Traumatisierungen in diesem Bereich oder durch Erlebnisse in der Familie, z.B. Erkrankungen der Mutter.

● Zum anderen können auch psychische Belastungsfaktoren in der Partnerschaft oder die aktuelle Lebenssituation mit hineinspielen.

Erbrechen während der gesamten Schwangerschaft   Erbrechen als psychosomatisches Symptom wird auf Seite 129 genauer beschrieben. Während der ersten 3 Monate ist Erbrechen in der Schwangerschaft ein normales Phänomen infolge der Veränderungen des Hormonhaushaltes. Die werdenden Mütter bemerken besonders in den Morgenstunden einen plötzlichen Impuls, sich zu übergeben. Während der ganzen Schwangerschaft auftretendes Erbrechen ist manchmal auch bedingt

● durch Hormonspiegelverschiebungen;
● in der letzten Schwangerschaftsphase kann es auch durch die Größenzunahme der Gebärmutter im Bauchraum einfach durch den Platzmangel und Druck auf den Magen ausgelöst werden.

Es kann aber auch Ausdruck einer ausgeprägteren Aktivität des vegetativen Nervensystems sein. Möglicherweise ist es ausgelöst durch die psychische Belastung im Zusammenhang mit der Schwangerschaft und der sich dadurch verändernden Lebenssituation oder Problemen, die sich in der Partnerschaft ergeben.

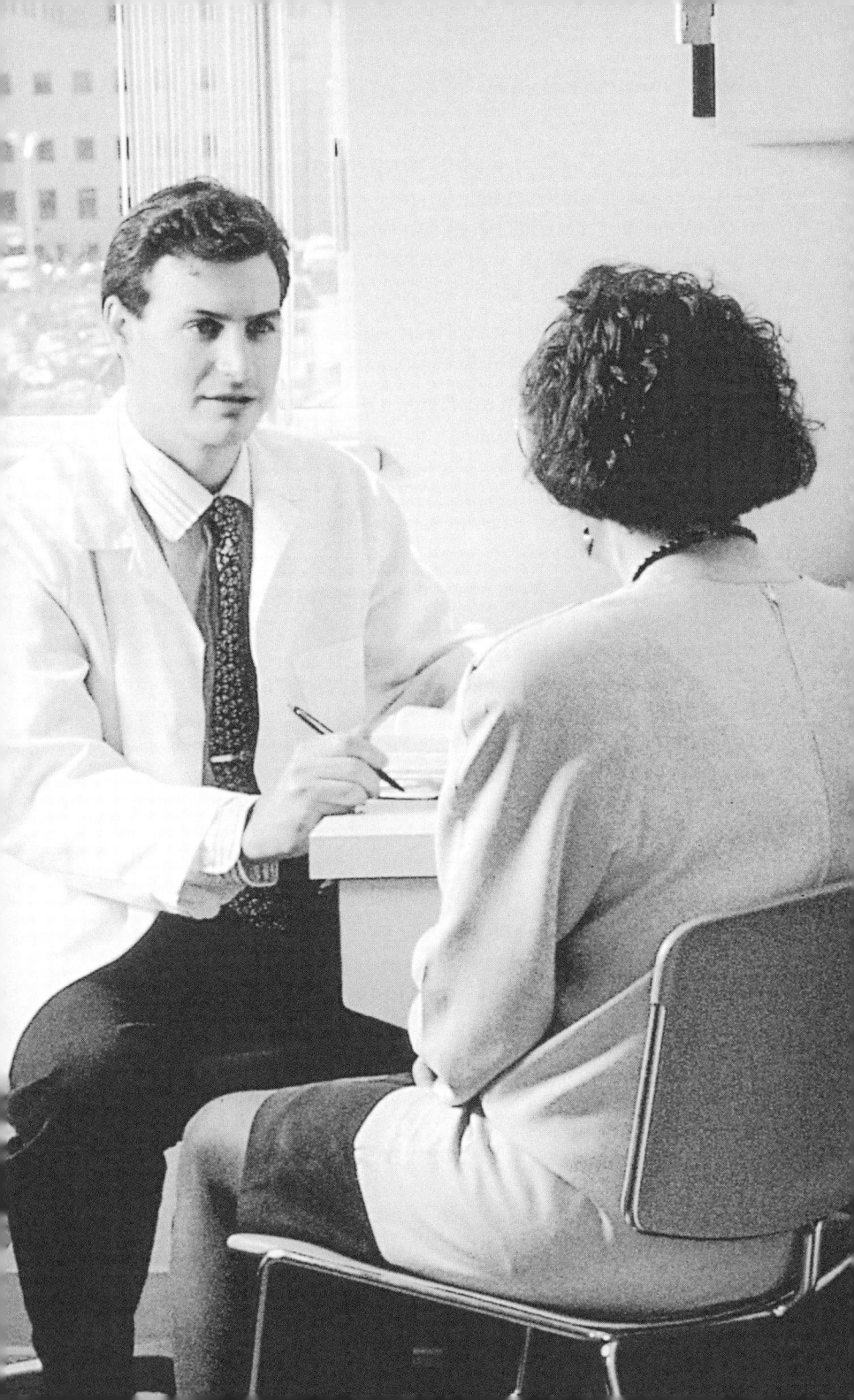

Welche Therapie hilft mir wirklich?

Die Behandlung somatoformer Störungen ist grundsätzlich Sache des Hausarztes, reicht aber nicht immer aus. Ihr Hausarzt kennt Sie und Ihre Lebensgeschichte am besten, er kann die Störungen am besten einordnen und Ihnen den weiteren Behandlungsweg weisen.

Weshalb die Lebensgeschichte zentral ist und warum auch fast ohne Apparatemedizin eine Diagnose gestellt werden kann, wird in diesem Kapitel erläutert. Erfahren Sie auch, wann welche Psychotherapie sinnvoll ist und was Sie bei den einzelnen Methoden erwartet.

Der erste Schritt: Die Versorgung durch den Hausarzt

Auch wenn sich die einzelnen Krankheitsbilder vom klinischen Erscheinungsbild her deutlich voneinander unterscheiden, gelten doch einige generelle Anmerkungen zur Behandlung. Typisch für somatoforme Störungen ist, daß auch bei unauffälligem Befund und der Bestätigung, daß die Symptome nicht organisch zu begründen sind, erneut ärztliche Hilfe in Anspruch genommen wird. Häufig ist es so, daß Beginn und Verlauf der Beschwerden in einem engen Zusammenhang zu schwierigen Lebenssituationen oder Konflikten stehen. Manchmal fühlen sich die Patienten durch einen Arzt, der erneute Untersuchungen ablehnt und auf die psychische Seite der Störung verweist, nicht richtig verstanden und suchen deswegen andere Ärzte auf.

Der Arzt muß bei Patienten mit somatoformen Störungen untersuchen, ob zusätzlich eine Depression oder Angststörung vorliegt. Oft lassen sich aber neben den körperlichen Beschwerden keine psychischen Symptome nachweisen. Abgegrenzt werden muß von den somatoformen Störungen auch das Simulieren von Symptomen, das allerdings unter Nicht-Fachleuten viel zu oft unterstellt wird.

Behandlungsansätze, die ausschließlich auf die Linderung der körperlichen Symptome ausgerichtet sind (Medikamente), führen in der Regel nur zu einer kurzfristigen Besserung, nicht zu einer Heilung der Störung. In einem nächsten Schritt ist es hilfreich, neben der Stellung der Diagnose – zum besseren Verständnis der individuellen Beeinträchtigung – weitere Aspekte heranzuziehen, die in der jeweiligen Situation unterschiedlich ausgeprägt sind. Dazu zählen:

● Die individuelle Ausprägung der Beschwerden (Anzahl und Dauer).

● Die Ausprägung der Befürchtung, an einer organischen Erkrankung zu leiden. Manchmal sind die Befürchtungen so stark und anhaltend, daß die Diagnose »Hypochondrische Störung« gestellt werden kann, in vielen Fällen spielen diese Befürchtungen jedoch kaum eine Rolle.

● Die Ausprägung depressiver Symptome, wobei insbesondere ein Zusammenhang mit aktuellen Belastungsfaktoren oder der Lebenssituation hinterfragt werden muß.

● Das individuelle Krankheitsverhalten, etwa die Anzahl der Arztbesuche, das Inanspruchnehmen alternativer Behandlungsmethoden. Dies gilt insbesondere, wie bereits ausführlich auf Seite 35 dargelegt, wenn dieses Verhalten zu einer Selbstgefährdung führt, da diagnostische Eingriffe nicht ganz ohne Risiko sind.

● Die Einschätzung, inwieweit die körperlichen Reaktionen vom Durchschnitt abweichen; also ob etwa eine höhere Empfindlichkeit des vegetativen Nervensystems vorliegt, der Patient also schneller oder in einem vermehrten Umfang mit einer Beschleunigung des Herzschlages auf Streß reagiert. Dabei sollte auch berücksichtigt werden, in welchem Umfang Symptome des willkürlichen Nervensystems, etwa zitternde Hände oder Verspannungen der Muskulatur auftreten. Auch Störungen des Hormonhaushalts, die durch Blutuntersuchungen nachweisbar sind, können hierunter gezählt werden.

Die Bedeutung des Arzt-Patienten-Verhältnisses

Ein Problem bei den somatoformen Störungen ist, daß die Patienten durch die Bemühungen des Arztes, eine organische Krankheit auszuschließen, die am Anfang jeder ärztlichen Betreuung in unterschiedlichem Umfang steht, zunächst nur kurzzeitig zufriedengestellt werden.

Die subjektive Erwartung des Patienten,

● daß eine Erkrankung gefunden wird, die relativ eindeutig zu behandeln ist, und

● die Möglichkeiten des Arztes, die in der Regel zunächst einmal darin bestehen, diagnostische Maßnahmen zu ergreifen,

führen in diesen Fällen zu einer Diskrepanz, die sich auch im Umgang mit dem Patienten widerspiegeln kann.

Ein entscheidender Faktor ist hierbei, daß der Arzt

• dem Patienten zu seiner subjektiven Krankheitstheorie, also den Ursachen, die der Patient selbst vermutet, befragt, und
• in genauer Kenntnis der Lebensgeschichte dann auf mögliche andere Faktoren, die dem Patienten zunächst selbst nicht bewußt sind, einfühlsam hinweist.

Ein Behandlungsziel des Hausarztes sollte sein, eine vertrauensvolle, stabile Arzt-Patient-Beziehung zu etablieren. Dies geschieht durch die klare Diagnosestellung (zu der auch psychosomatische Diagnosen zählen), ein Betreuungsangebot bis zum Abklingen der Beschwerden, den Versuch, einen chronischen Verlauf der Beschwerden durch eine Fixierung auf diagnostische Maßnahmen zu verhindern.

Sollte ein solcher chronischer Verlauf eintreten, ist der Hausarzt weiterhin als Ansprechpartner wichtig, auch wenn er den Patienten zum Psychotherapeuten überweist.

Die Psychosomatische Schmerztherapie

Gerade Patienten mit psychosomatischen Schmerzzuständen im Bereich der Extremitäten profitieren von einer Intensivierung der körperlichen Aktivitäten, z.B. im Rahmen von Sportprogrammen. Die Wahrnehmung der Bewegung überlagert die zentralen Denkvorgänge der Schmerzempfindung. Da sich die Aufmerksamkeit bei Schmerzpatienten zunächst auf den Schmerz richtet – was von der Grundbedeutung des Schmerzes für den Menschen als Alarmfunktion sinnvoll ist, sich bei den psychosomatischen Schmerzpatienten jedoch als problematisch erweist –, wird es notwendig, daß sich der Patient mit chronischen Schmerzen Reizen aussetzt, die die Aufmerksamkeit von dem Schmerzeindruck weglenken. Hier bieten sich Sinnesempfindungen und Gedanken an, die der Patient im Laufe der Zeit, z.B. durch eine Stärkung des Selbstwertgefühls, mit angenehmen Gefühlen verbindet.

Eine real erlebte Empfindung, die mit einem Gefühl verbunden wird, also z.B. der Kontakt und Aktivitäten mit für den Patienten wichtigen Menschen, bindet die Aufmerksamkeit in größerem Umfang als der alleinige Gedanke an Angenehmes.

Der besondere Stellenwert der Depression

Zusätzliche depressive Symptome sind bei somatoformen Störungen sehr häufig. Je länger die Störung anhält, je größer die Anzahl der einzelnen körperlichen Symptome ist, desto wahrscheinlicher wird es, daß zusätzlich zu der somatoformen Störung auch eine Depression diagnostiziert werden kann. Manchmal können körperliche Symptome ohne ausreichende Erklärung Ausdruck einer depressiven Erkrankung sein, manchmal können die Depression und die somatoforme Störung parallel bestehen. Typische und häufige Symptome sind folgende:

- Die Lust, aktiv zu werden, ist beeinträchtigt. Das Interesse ist zwar da, aber dem Patienten fällt es sehr schwer, dieses in die Tat umzusetzen. Bereits das Aufstehen kann Schwierigkeiten machen, allgemeine Verrichtungen des Alltags können zum Problem werden (»Antriebshemmung«).
- Eine Einschränkung des Denkens im Sinne von weniger Gedanken = weniger Ideen.
- Es können Tagesschwankungen zu beobachten sein, d.h., die Patienten fühlen sich zu bestimmten Tageszeiten in der Regel deutlich besser als zu anderen.
- Durchschlafstörungen mit einem Erwachen besonders in den Morgenstunden.
- Es können Veränderungen des Appetits auftreten.
- Eine gedrückte Stimmung, die längere Zeit vorherrscht.
- Ideen können auftreten, die sich auf Erkrankungen beziehen, sogenannte hypochondrische Befürchtungen. Schuldgedanken, man habe irgend jemandem geschadet oder Verarmungsgedanken, daß z.B. die existentielle Sicherheit der Familien nicht mehr gewährleistet sei.

Wichtig bei den depressiven Symptomen dieser Art ist, daß die Gedanken aus objektiver Sicht nicht nachzuvollziehen sind und die Patienten sehr häufig über diese Themen nachdenken. Außerdem kann beobachtet werden:

- Eine Verminderung der sexuellen Lust,
- eine vermehrte innere Unruhe oder Erregung (Patienten können sich also nicht ruhig halten oder müssen aktiv werden; »psychomotorische Unruhe«).

Bei der Abklärung von Depressionen ist zu beachten, daß depressive Symptome die häufigsten, aber auch gleichzeitig die am wenigsten eindeutigen Symptome psychischer Erkrankungen darstellen. Die häufigste Ursache für depressive Symptome sind sogenannte affektive Störungen, d.h., daß neben manchmal nachvollziehbaren Belastungen, die zu einer gedrückten Stimmung passen würden, auch Veränderungen des Stoffwechsels des Gehirns vorliegen.

Sogenannte hirnorganische Veränderungen, also z.B. krankheitsbedingte Veränderungen des Gefäßsystems des Gehirns, vor allem im Zusammenhang mit der Zufuhr von Substanzen wie Alkohol oder anderen Suchtmitteln können insbesondere in der Frühphase auf depressive Symptome hinweisen. Auch bei anderen psychiatrischen Erkrankungen kann z.T. ein depressives Syndrom auf den Beginn einer anderen Erkrankung hinweisen.

Deshalb ist es insbesondere bei diesen Symptomen immer wieder hilfreich, den Verlauf genau zu beobachten und zwischenzeitlich immer wieder einmal, z.B. alle sechs Monate, einen Psychiater aufzusuchen, der sich ein Bild von der Symptomatik aus der Sicht seines Fachgebiets verschafft. Dies muß nicht bedeuten, daß unbedingt eine psychiatrische Behandlung erforderlich ist; diese äußere zusätzliche Kontrolle gibt mehr Sicherheit.

● Auch einige Stoffwechselerkrankungen, wie z.B. Schilddrüsenerkrankungen, können depressive Symptome verursachen. Deshalb erscheint eine körperliche Durchuntersuchung in diesem Zusammenhang sinnvoll. Bisweilen ist es nicht direkt die

Achtung, Suizidneigung!

Depressive Symptome können sich so weit steigern, daß die Patienten glauben, ihr Leben sei sinnlos, oder konkrete Selbsttötungsgedanken hegen. Dann ist es unbedingt erforderlich, sich in psychiatrische Behandlung zu begeben. Manchmal ist eine stationäre Behandlung von wenigen Wochen Dauer geboten.

traurige Stimmung, die auf das Bestehen einer Depression hinweist und sich z.B. in einem häufigeren Weinen als früher äußern kann. Auch Gedanken, daß man schlechter aussehe als früher, sich mehr Gesundheitssorgen macht, einem häufiger langweiliger ist, weniger Entschlußfreude besitzt als früher, man nicht mehr so gut arbeiten kann, schneller ermüdet, können erste Anzeichen dafür sein.

● Gewichtsabnahme, das häufigere Empfinden, im Leben versagt zu haben, das Gefühl, mehr Fehler als andere zu machen, mit sich selbst nicht mehr zufrieden zu sein, die gute Hoffnung für die Zukunft verloren zu haben oder ein geringeres Interesse an anderen können ebenfalls beobachtet werden. Die Selbsteinschätzung, vom Schicksal bestraft zu werden, eine vermehrte Reizbarkeit oder der Eindruck von Schuldgefühlen gegenüber anderen Menschen treten auf. Steht die Veränderung der Stimmung in Richtung depressive Symptomatik im Zusammenhang mit einer akuten Trauerreaktion oder Belastungsreaktion, ist eine medikamentöse Behandlung entbehrlich.

Die Symptome können in einer solchen Situation Teil der sogenannten Trauerarbeit sein, sollten aber nach zwei bis acht Wochen wieder abklingen.

● Auch körperliche Erkrankungen, die nicht im Gehirn angesiedelt sind, wie etwa Tumore der Nebennieren, können zu einem depressiven Krankheitsbild führen. Deshalb kann der Arzt zum Ausschluß solcher seltenen Erkrankungen auch apparative Untersuchungen z.B. des Bauchraumes oder Hormonuntersuchungen anordnen. Depressionen können auch im Zusammenhang mit chronischen Schmerzsyndromen, sowohl organisch bedingten als auch psychogenen, als eine Folge der Schmerzstörung gesehen werden. Wie bei einem Rückkopplungsmechanismus hat eine intensivere Wahrnehmung der Schmerzen, z.B. durch eine Fixierung der Aufmerksamkeit auf die schmerzhafte Region, eine entsprechende depressive Krankheitsverarbeitung und damit wiederum eine vermehrte Schilderung von Schmerzen zur Folge.

Krank sein – gesund werden: Ein bio-psycho-sozialer Behandlungsansatz

Körperlich erlebte Beeinträchtigungen oder Symptome können die Lebensgestaltung von Patienten sehr beeinflussen. Bei psychosomatischen Erkrankungen gilt aber auch der Umkehrschluß, daß die wahrgenommenen Symptome im Zusammenhang mit dem stehen können, was der Patient in seiner Alltagssituation erlebt. In den folgenden Abschnitten soll deshalb besonders auf die Rolle der Familie sowie die der Krankheitsbewältigung eingegangen werden.

Die Rolle der Familie

Patienten mit somatoformen Störungen haben im Vergleich zu Patienten mit organischen Erkrankungen häufiger besondere Belastungssituationen erlebt, insbesondere vor dem Ausbruch der Symptomatik. Daneben finden sich in der Vorgeschichte vermehrt einige Auffälligkeiten. Die Patienten haben häufiger

- einen Elternteil vor dem 15. Lebensjahr durch Tod verloren,
- sind Scheidungskinder oder berichten von
- drohenden Verlusten, die nicht stattgefunden haben.

Darüber hinaus muß festgestellt werden, daß bei Patienten mit somatoformen Störungen auch Angehörige der Elterngeneration oder Großelterngeneration häufiger als der Durchschnitt der Normalbevölkerung an solchen Störungen gelitten hatten.

Krankheitsbewältigung

Krankheitsbewältigung (*Coping*) faßt alle Verhaltensweisen (günstige und ungünstige) zusammen, die es Patienten möglich machen, die Belastungen, die im Rahmen einer Erkrankung auftreten, zu ertragen. Über zwei Drittel der Patienten können mit der Zeit ihre Krankheit akzeptieren. Sie entwickeln ein problemorientiertes Repertoire von Lösungsmöglichkeiten der verschiedenen Probleme (körperliche – psychische – soziale) und weisen dabei eine hohe Flexibilität auf.

Angst, Trauer und gedrückte Stimmung sind normale und wichtige Gefühle. Wenn die Gefühle sehr intensiv sind, länger, z.B. über 14 Tage, anhalten und die Lebensaktivitäten beeinflussen (beispielsweise wenn Unternehmungen mit der Familie nicht mehr geplant oder unternommen werden, bisherige Interessen, etwa Hobbys nicht mehr verfolgt werden), ist allerdings fachärztliche Hilfe nötig.

Eine günstige Bewältigung führt zu einer Wiederaufnahme des vor der Erkrankung gewohnten beruflichen und sozialen Lebens.

Ungünstig sind

- ein sich passives Ausliefern,
- Schicksalsgläubigkeit,
- Rückzugsverhalten im Sozialleben,
- Selbstbeschuldigungen,
- Anzetteln von Streitigkeiten in der Familie,
- Verzicht auf sexuelle Aktivitäten.

Ungünstige Bewältigungsmechanismen können mit Hilfe einer Verhaltenstherapie verändert werden, die unbewußten Motive dieser Verhaltensmuster durch tiefenpsychologisch fundierte Psychotherapie herausgefunden werden.

Wann ist eine Überweisung zum Psychotherapeuten sinnvoll?

Der Kontakt mit einem psychologischen Psychotherapeuten oder ärztlichen Psychotherapeuten (Facharzt für Psychotherapeutische Medizin, Facharzt für Psychiatrie und Psychotherapie) sollte erfolgen:

1) Wenn sich nach sechs Monaten einer qualifizierten psychosomatischen Grundversorgung durch den Hausarzt keine Veränderung der Beschwerden ergeben hat.
2) Wenn es zu einer Krankschreibung von mehr als vier Wochen Dauer gekommen ist.
3) Wenn der Verdacht auf eine akute psychische Störung oder seelische Belastungsfaktoren erhärtet wird.

Was leistet die ambulante Fachpsychotherapie/ Psychotherapeutische Medizin?

● Zunächst wird eine differenzierte Diagnosestellung, die auch eine psychiatrische Differentialdiagnose mit einschließt und insbesondere auf die verhaltens- oder persönlichkeitsbezogenen Faktoren eingeht, durchgeführt.

● Daneben erfolgt eine Stabilisierung und Unterstützung der Versorgung durch den Hausarzt. Dazu wird auch eine Beratung des behandelnden Hausarztes durchgeführt, denn in schwierigen Behandlungssituationen ist es wichtig, durch eine Kooperation von Hausarzt und Psychotherapeuten sicherzustellen, daß der Patient das Angebot einer qualifizierten Psychotherapie annehmen kann. Oftmals ist es dem Patienten unangenehm, seine Lebenssituation mit in die Erwägungen einzubeziehen.

● Des weiteren ist mit dem Patienten zu erarbeiten, daß zunächst eine Beschwerdelinderung, jedoch nicht unbedingt die Heilung der Erkrankung im Vordergrund stehen kann.

● Weitere Grundpfeiler stellen eine veränderte Krankheitsbewältigung, d.h. eine Lenkung der Aufmerksamkeit auf andere Lebensinhalte, ein Verstehen der Zusammenhänge auf der körperlichen Ebene und der Wechselwirkung zwischen Psyche und Körper dar. Daneben rückt das Erkennen von symptomauslösenden und symptomunterhaltenden Bedingungsfaktoren im Umfeld des Patienten in den Vordergrund.

● Zeichnet sich innerhalb der ersten sechs Monate einer Psychotherapie keine Besserung der Symptome ab, kommt es zu einer Krankschreibung über drei Monate, gibt es schwere zusätzliche psychische oder körperliche Erkrankungen oder ist der Patient zunächst nicht von der Notwendigkeit einer ambulanten Psychotherapie zu überzeugen, wird eine stationäre Behandlung der somatoformen Störung notwendig.

Stationäre Einrichtungen der Psychotherapeutischen Medizin

Generell können zwei unterschiedliche Einrichtungstypen voneinander unterschieden werden. Zum einen die Psychosomatischen Fachkrankenhäuser (REHA-Kliniken), zum anderen die Psychosomatischen Abteilungen an großen Allgemein- oder Universitätskrankenhäusern. Während der stationären psychotherapeutischen Behandlung wird zunächst die Diagnostik ausgeweitet, insbesondere um auch komplexe körperliche Erkrankungen mit zu erfassen; daneben erfolgt eine differenzierte Einschätzung der körperlichen und psychischen Belastbarkeit. Die Zielsetzung der Behandlung ist die Fortsetzung der ambulanten Psychotherapie und die Reduktion der Einflußfaktoren, die durch zusätzliche körperliche Erkrankungen gegeben sind. Zum anderen soll insbesondere in den REHA-Kliniken die berufliche und soziale Leistungsfähigkeit durch veränderte Strategien der Krankheitsbewältigung wieder hergestellt werden.

Wie hilft Psychotherapie?

Psychotherapie ist ein geplanter Prozeß, bei dem unter Einsatz psychologischer Techniken Leidenszustände von Patienten beseitigt oder wenigstens reduziert werden sollen. Diese Techniken umfassen unter anderem bestimmte Formen der Gesprächsführung. Sie beruhen auf unterschiedlichen Modellen, die in den letzten 100 Jahren entwickelt wurden, wie etwa der von Sigmund Freud begründeten Tiefenpsychologie oder der Verhaltenspsychologie. Wissenschaftliche Untersuchungen (der Patientenwahrnehmung, Therapeuteneinschätzung und objektive Parameter, z.B. Reduktion der Krankenhaustage) während der letzten 30 Jahre belegen, daß Psychotherapie tatsächlich spürbar wirkt und daß es methodenübergreifende Wirkfaktoren gibt. Dazu zählen beispielsweise

- die therapeutische Beziehung, das Erleben eines Gegenübers (des Therapeuten),
- die grundsätzliche Förderung von Hoffnung,
- das Ermöglichen von tiefen Gefühlen,
- die Unterstützung durch den Therapeuten,
- die Trauerarbeit (Abschiednehmen von unrealistischen Vorstellungen),
- Klärung und Einsicht,
- die Förderung der Realitätsprüfung,
- die Problemerkennung und Beurteilung, evtl. gefühlsmäßige Neubewertung,
- das Erkennen von zugrundeliegenden Motiven,
- das Aufdecken von (mehr oder weniger bewußten) Konflikten,
- die Problembewältigung,
- die Handlungsentwürfe,
- das Überdenken von Alternativen.

Wann ambulant und wann stationär?

Eine vollstationäre Behandlung ist notwendig, wenn sich Patienten durch ihre Erkrankung so beeinträchtigt fühlen, daß eine Teilnahme am normalen Leben nicht mehr möglich ist, sie kaum noch das Haus verlassen können, keine sozialen Aktivitäten mehr durchführen können und die Arbeitsfähigkeit bedroht oder nicht mehr gegeben ist. Insbesondere bei einer zusätzlichen Angstsymptomatik oder ausgeprägteren Depression kann die stationäre Behandlung angezeigt sein. An wenigen Orten gibt es auch die Möglichkeit, tagesklinische Therapieplätze zu belegen. Dies bedeutet, daß im Prinzip ein ähnliches Programm wie bei der stationären Behandlung durchgeführt wird, die Patienten sich aber nur zwischen z.B. 9 Uhr morgens und 16 Uhr am Nachmittag in der Klinik befinden und ansonsten zu Hause aufhalten können.

Wer bietet Psychotherapie an?

Viele Jahre war der Beruf des »Psychotherapeuten« in Deutschland nicht gesetzlich geschützt, auch ohne eine Ausbildung konnte sich jeder so bezeichnen. Durch das im März 1998 verabschiedete »Psychotherapeuten-Gesetz« dürfen sich nun nur noch zwei Gruppen Psychotherapeuten nennen:

● ärztliche Psychotherapeuten,
● psychologische Psychotherapeuten.

Begriffe wie »Gesprächstherapeut«, »Gruppentherapeut«, »Gestalttherapeut«, »Psychoanalytiker« oder »Verhaltenstherapeut« beziehen sich auf bestimmte Therapietechniken und bezeichnen den jeweiligen Arbeitsschwerpunkt. Psychotherapeuten können also unterschiedliche Methoden anwenden.

Durch die neue gesetzliche Regelung wird sichergestellt, daß ein Ausbildungsstandard eingehalten wird. Früher galt dies nur für die Ärzte, die seit den 70er Jahren eine formalisierte, umfangreiche Weiterbildung absolvieren konnten, wenn sie dies wünschten. Den Erwerb dieser zusätzlichen Kenntnisse und Fertigkeiten konnten und können sie durch den Zusatz »Psychotherapie« hinter der Facharztbezeichnung deutlich machen, also als

- Facharzt für Allgemeinmedizin – Psychotherapie,
- Facharzt für Innere Medizin – Psychotherapie,
- Facharzt für Gynäkologie – Psychotherapie,
- Facharzt für Kinderheilkunde – Psychotherapie,
- Facharzt für Neurologie (oder Nervenarzt) – Psychotherapie,

um einige Beispiele zu nennen. Alle Ärzte, die den Zusatztitel »Psychotherapie« erwerben, müssen längere Zeit in psychiatrischen Krankenhäusern gearbeitet und Erfahrungen mit psychiatrischen Krankheitsbildern haben.

Der Zusatztitel muß aber nicht gleichzeitig bedeuten, daß der Arzt tatsächlich auch psychotherapeutische Behandlungen anbietet, denn Psychotherapie ist ein sehr zeitaufwendiges Angebot (in der Regel 50 Minuten pro Gespräch). Dieses »setting« ist mit einem normalen, hausärztlichen Praxisablauf oft nicht zu vereinbaren.

Deshalb wird in psychotherapeutischen Praxen auch anders gearbeitet als in den Arztpraxen. In der Regel sind dies »Einbestellpraxen«, d.h., man kommt erst kurz vor dem vorher z.B. telefonisch vereinbarten Termin. Da sich der Psychotherapeut während der Therapiestunde auf seinen Patienten konzentrieren möchte, läßt er sich auch nicht durch das Telefon stören. Feste Telefonzeiten, an denen der Therapeut persönlich erreichbar ist, sind üblich.

● Bei drei fachärztlichen Berufsgruppen ist die Psychotherapieausbildung in die Weiterbildung eingebaut. Man kann davon ausgehen, daß diese Ärzte auch Psychotherapien anbieten. Es sind dies:

- Fachärzte für Psychiatrie und Psychotherapie,
- Fachärzte für Psychotherapeutische Medizin für die Erwachsenenmedizin und
- Fachärzte für Kinder- und Jugendpsychiatrie und -psychotherapie.

Insbesondere die Fachärzte für Psychotherapeutische Medizin besitzen sehr umfangreiche Kenntnisse und Fähigkeiten in der Psychotherapie. Sie können unterschiedliche methodische Angebote machen wie Paar- und Familientherapie, Gruppentherapie oder Psychotherapie bei besonders »kniffligen Fällen«. Sie haben aber auch Erfahrungen mit internistischen Erkrankungen und sind deshalb bei chronischen psychosomatischen Krankheitsbildern wichtige Ansprechpartner.

● Der Universitäts-Abschluß »Diplom-Psychologe« ist nicht gleichbedeutend mit Psychotherapeut. Damit ein Psychologe sich so nennen kann, muß er sich einer vergleichbaren Ausbildung unterziehen wie die Ärzte, die Psychotherapie erlernen. Diese Ausbildung erstreckt sich über drei bis fünf Jahre. Auch hier ist die zeitweise Tätigkeit in einer psychiatrischen Klinik notwendig.

● Eine Sondergruppe im Feld der Psychotherapeuten stellen die »Psychoanalytiker« dar. Es handelt sich in der Regel um Psychologen oder Ärzte, die eine sehr zeitaufwendige berufsbegleitende Weiterbildung (über mindestens fünf Jahre) absolviert haben. Die Psychoanalyse ist eine Behandlungstechnik, die im Einzelfall nützlich sein kann, aber nicht für jedes Krankheitsbild in Frage kommt (siehe auch »Psychoanalyse«, Seite 162). Psychoanalytiker können aber auch normale Psychotherapien durchführen.

Die Bezeichnung »Psychotherapie« sagt noch nichts über den methodischen Schwerpunkt aus. Wissenschaftlich anerkannt sind die

● Verhaltenstherapie und die
● tiefenpsychologisch fundierte Psychotherapie.

An allen Universitätskliniken und an immer mehr Allgemeinkrankenhäusern gibt es Abteilungen oder Institute für Psychosomatik und Psychotherapie. Sie werden von Fachärzten für Psychotherapeutische Medizin geleitet. Diese Abteilungen bieten einen Konsiliardienst an. Chirurgen, Dermatologen, Gynäkologen, Internisten und Neurologen können so für Patienten, die bei ihnen stationär behandelt werden, eine fachpsychotherapeutische

Untersuchung und Behandlungsempfehlung veranlassen bzw. die Psychotherapie einleiten.

Fragen zur Psychotherapie

Ansprechpartner ist immer Ihr Hausarzt, der Sie bei Bedarf weiter verweisen kann, oder im Zweifelsfall die Abteilung, das Institut oder die Klinik für Psychosomatik und Psychotherapie der Universität mit Medizinischer Fakultät in Ihrer Nähe.

Fragen Sie einfach, wenn Sie sich über die psychotherapeutische Weiterbildung Ihres Arztes Klarheit verschaffen möchten. Er wird Ihnen sicher gerne Auskunft über seine Ausbildung und Berufserfahrung geben.

Was ist Psychotherapie?

Grundsätzlich können methodische Ansätze unterschieden werden:

* Einzelpsychotherapie,
* Gruppenpsychotherapie mit den Unterformen
  – Paar- und
  – Familientherapie.

Davon abgegrenzt werden die

* Entspannungsverfahren, die in der Regel in der Gruppe vermittelt werden,
* die Körpertherapien, die eine Zwischenstellung einnehmen zwischen Entspannungstechnik, Bewegungstherapie, Soziotherapie und Psychotherapie (deshalb werden Körperpsychotherapieverfahren zum Teil auch von Krankengymnasten, Sporttherapeuten, Krankenpflegern oder Sozialpädagogen angeboten), und
* Beschäftigungstherapie (*Ergotherapie*) oder Kunsttherapie.

Dauer und Intensität von psychotherapeutischen Behandlungen können unterschiedlich sein:

● Bei 5 bis 25 Stunden (bei einer Sitzung pro Woche) spricht man von einer Kurzzeittherapie zur Bewältigung von klar umschriebenen Problemen oder aktuellen Krisen. 80 % aller Psychotherapien sind Kurzzeittherapien. Manchmal werden während der Behandlung neue Problembereiche deutlicher, so daß eine Verlängerung notwendig wird. Oft reichen weitere 25 Stunden aus.

● Eine Langzeittherapie dauert bis zu 100 Stunden; hierfür muß ein umfangreicher anonymer Bericht zum Problem des Patienten, über seine lebensgeschichtliche Einbettung, über die Zielsetzung der geplanten Therapie und die Prognose vom Therapeuten erstellt werden, der von einem Gutachter geprüft wird (sogenannte »Richtlinien-Psychotherapie« im Fachjargon der Psychotherapeuten; Richtlinien bedeutet hier, es müssen bei der Antragstellung und der Therapie bestimmte inhaltliche Punkte beachtet werden).

Als Grundlagen für psychotherapeutisches Vorgehen mit wissenschaftlichem Hintergrund dienen:

• die Tiefenpsychologie mit dem Ansatz der Bearbeitung unbewußter psychischer Vorgänge und
• die Verhaltenstherapie auf dem Boden der Lerntheorie, bei der erlernte Fehlverhaltensweisen durch therapeutische Lernprozesse korrigiert werden können.

Psychotherapie wird in einem größerem Umfang seit ca. 20 Jahren in Deutschland betrieben. Hier werden nun Methoden vorgestellt, die sich bewährt haben und zum regelmäßigen Angebot zählen.

Entspannungstechniken

»Psychotherapie ist zu wertvoll, als daß sie nur den Kranken angeboten werden sollte«, sagte Lore Perls, die Ehefrau des Begründers der Gestalttherapie. Das Erlernen einer Entspannungstechnik kann auch bei völligem Wohlbefinden eine Bereicherung des Lebens darstellen. Viele Menschen haben für sich regelmäßiges Meditieren, den Abendspaziergang um den Block oder das ruhige Anhören ihres Lieblingsmusikstücks, ein warmes Bad oder ein Getränk als Quell der Entspannung entdeckt. Leider gelingt die Entspannung aber nicht immer und nicht jedem. So konnte sich ein entsprechender Markt, auf dem verschiedene Entspannungsmöglichkeiten angeboten werden, fest etablieren.

Im folgenden werden einige Techniken vorgestellt, die »Entspannung« herbeiführen können. Man sollte sich an dieser Stelle nochmals klarmachen, daß Menschen keine Maschinen, sondern soziale Lebewesen sind. Der Austausch hat eine große Bedeutung und kann anregend sein. Wir können aus den Erfahrungen der anderen lernen. Deshalb empfiehlt es sich, Entspannungsverfahren unter fachkundiger Anleitung in der Gruppe zu vermitteln. Psychotherapeutische Praxen bieten manchmal solche Kurse an, aber auch Volkshochschulen oder Krankenkassen. Die Kosten liegen im vergleichbaren Rahmen zu anderen Angeboten wie Skigymnastik, Töpfer- oder Fotokursen. Kurse, die in Praxen durchgeführt werden, können zum Teil auch über die Krankenkasse abgerechnet werden. Entspannungsverfahren bieten sich insbesondere als Behandlungsbaustein bei psychosomatischen Störungen an, wie sie in diesem Buch beschrieben werden.

Zum Teil werden in den Kursen auch verschiedenen Entspannungsverfahren oder andere Angebote wie Krankheitsinformation, Streßbewältigung oder Bewegungstraining kombiniert. Die Auswahl ist deshalb sinnvoll, weil nicht jedes Verfahren jedermanns Sache ist. Manchmal müssen Sie verschiedene Angebote ausprobieren, um zu Ihrem Verfahren zu finden. Nun zu den einzelnen Methoden:

Progressive Muskelrelaxation nach Jacobson   (PMR; Entstehung ca. 1930.) Diese Methode ist besonders geeignet als vorbereitende Entspannungsübungen bei weiterem verhaltenstherapeutischen Vorgehen und kann in Gruppen vermittelt werden. Hierbei werden Muskelgruppen für Sekunden möglichst stark willkürlich angespannt (zunächst Arme, dann Beine, Atem-, Bauch-, Gesichtsmuskulatur), dann bewußt wieder entspannt. Bei regelmäßigem Üben stellt sich auch eine psychische Entspannung ein.

Autogenes Training (AT, ca. 1926 von J. H. Schultz begründet.) In etwa vierzehntägigem Abstand (je Termin ca. 1 Std.) machen die Teilnehmer unter Anleitung über ca. ½ Jahr hinweg systematisch Konzentrationsübungen im Sinne einer hypnotischen Körperselbstbeeinflussung. Dabei werden Gedankensätze über mehrere Minuten wiederholt, z.b. »Arm wird schwer«, »Arm wird warm«, »Atem ist ruhig«. In der Zwischenzeit sollte täglich zweimal ca. 5–15 Minuten geübt werden. Dabei soll ein Zustand der Ruhe und Entspannung erreicht werden. Im Lauf der Zeit kann eine Beeinflussung und Stabilisierung unwillkürlicher vegetativer Körperfunktionen erzielt werden. Auch eigene (positiv formulierte) Formeln können wirksam werden (z.b.: »Ich kann mich gut konzentrieren«). Die Suggestionen und die Entspannung werden am Ende der Übungsphase zurückgenommen, z.b. durch Strecken und Beugen der Arme, Anspannen der Arme und tiefes Durchatmen.

Hypnose

Ein von der Hypnose abgeleitetes Verfahren, das Autogene Training, haben wir bereits kennengelernt. Insbesondere in der Schmerztherapie hat sich die ursprüngliche Methode bewährt. Durch Hypnose-Induktionstechniken, etwa das Fixieren des Blicks, wird ein schlafähnlicher Zustand hervorgerufen. Der Hypnosetherapeut formuliert dann Suggestionen zur Bewußtseinseinengung, um eine tiefere Entspannung zu erzielen. Daneben spricht er kurze, positiv formulierte Formeln, die auf die Schwerpunktsymptomatik oder den gewünschten Behandlungseffekt ausgerichtet sind, wie Angstreduktion, Schmerzdämpfung oder Verhaltensregulierung. Für Patienten mit einer Reizdarmsymptomatik konnte eine Verminderung der Schmerzempfindlichkeit durch Hypnose wissenschaftlich belegt werden. Die Anzahl der Sitzungen ist variabel, bei ein bis drei Sitzungen pro Woche über etwa 30 Minuten werden in der Regel bis zu 10–20 Sitzungen durchgeführt.

Tiefenpsychologisch fundierte und psychoanalytische Behandlungsverfahren

Wie wir den Fallbeispielen der einzelnen Krankheitsbilder entnehmen können, finden sich im Zusammenhang mit dem Auftreten der psychosomatischen Beschwerden häufig Belastungsfaktoren oder Konfliktsituationen. Insbesondere bei letzteren lassen sich manchmal Einstellungen und Verhaltensmuster herausarbeiten, die bis in die Kindheit reichen. Sind die Konflikte unbewußt, stehen die Patienten unter einem hohen Leidensdruck und möchten sich mit ihrer Gefühlswelt auseinandersetzen, haben sich psychoanalytisch begründete Behandlungsansätze, sogenannte »aufdeckende« Verfahren bewährt.

Hierzu zählen im wesentlichen zwei Therapieformen:

- tiefenpsychologisch fundierte Psychotherapie und
- psychoanalytische Psychotherapie (Psychoanalyse).

Psychoanalytisch begründete Behandlungsverfahren Diese Verfahren sind insbesondere bei Patienten mit hypochondrischen Störungen, anhaltenden somatoformen Schmerzstörungen und Patienten mit einer ausgeprägten Einschränkung des Gefühlsausdrucks sinnvoll.

Um zu verstehen, wie diese Behandlung funktioniert, ist es wiederum hilfreich, sich zu verdeutlichen, wie lebensnotwendig Beziehungen für uns Menschen sind, und welche zentrale Bedeutung sie für uns haben. Deutlich wird dies, wenn wir uns klarmachen, wie heftig unsere Gefühle sein können, wenn es um Probleme in unseren Kernbeziehungen geht, auch wenn der eigentliche Streitpunkt banal ist.

Grundregeln der psychoanalytischen Therapie

In der Behandlung gelten einige Grundregeln: Der Patient wird ermuntert, Gedanken, Vorstellungen, Empfindungen, Wünsche oder Befürchtungen, die ihm gerade einfallen, spontan ohne Kontrolle und Selbstkritik mitzuteilen. Der Therapeut gibt keine Ratschläge, sondern deutet – er weist in Kenntnis der Lebenssitua-

tion und -geschichte des Patienten – bezugnehmend auf die Ein-
fälle des Patienten auf Muster und Parallelen hin.

Deshalb werden vor Beginn der eigentlichen psychotherapeutischen Behandlungen einige Sitzungen zur Anamneseerhebung
durchgeführt, damit der Psychotherapeut sich in das Leben des
Patienten einfühlen und Zusammenhänge verstehen kann. Deshalb wird auch sehr viel Wert auf die ersten Lebensjahre und die
Beziehung zu Eltern, Geschwistern und Großeltern gelegt. Erst
nach diesen Stunden, den »probatorischen Sitzungen«, entscheiden Patient und Psychotherapeut gemeinsam, ob und welche Behandlung durchgeführt werden soll.

Besonders wichtig sind bei dem therapeutischen Dialog nicht bewußte Anteile der Äußerungen (z.B. Versprecher, Träume) und
die Gefühle, die der Patient gegenüber dem Therapeuten entwickelt (Übertragung), die dem Patienten manchmal auch nicht
klar sind (Wut, Trauer, Enttäuschung). Um diese Gefühle zu erkennen, benutzt der Therapeut die Empfindungen, die in ihm
während einer Therapiesitzung deutlich werden und die mit
dem Patienten zu tun haben (Gegenübertragung).

Die theoretische Annahme besteht darin, daß der Patient unbewußt seine Beziehungserfahrungen in der Therapeut-Patienten-
beziehung wiederholt – überträgt – und es auf der Gefühlsebene
dem Therapeuten ähnlich geht wie den Menschen, mit denen
der Patient zu tun hat. Durch das einfühlsame Benennen der Gefühle durch den Psychotherapeuten und dem Vermitteln des
Stellenwerts, den Gefühle in jeder Beziehungsregulation haben,
entwickelt der Patient die Fähigkeit, unbewußte Konflikte wahrzunehmen und bei seinen bewußten Handlungen zu berücksich-
tigen. Bei der Psychoanalyse werden drei bis vier Sitzungen pro
Woche über zwei bis drei Jahre durchgeführt. (Die Krankenkasse
bezahlt nach Antrag 160 bis 240 Sitzungen, in seltenen Ausnah-
men bis zu 300.)

Tiefenpsychologisch fundierte Psychotherapie   In der Praxis hat
die tiefenpsychologisch fundierte Psychotherapie die klassische
Psychoanalyse wegen des praktikableren Vorgehens weitgehend

abgelöst. Die Behandlungs-Technik ähnelt der Psychoanalyse. Die Behandlung dauert ca. ein Jahr und umfaßt in der Regel ein bis zwei Sitzungen pro Woche.

Psychodynamische Psychotherapie Eine andere Sonderform stellt die Psychodynamische Psychotherapie dar, die besonders bei Gruppenbehandlungen Anwendung findet. Hier fördert der Therapeut das Gespräch aktiv und weist auf mögliche unbewußte Konflikte und die dadurch bedingten Lebensprobleme hin.

● Psychoanalytische Behandlungsverfahren werden sowohl ambulant als auch im stationären Rahmen eingesetzt. Hierbei können auch die Beziehungsmuster zu den anderen Patienten und den einzelnen Mitarbeitern des therapeutischen Teams herangezogen werden. Mittlerweile werden indikationsbezogen unterschiedliche Behandlungstechniken kombiniert (multimethodale Psychotherapie) oder integriert.

Die Verhaltenstherapie

Ziel der Verhaltenstherapie ist es, ungünstige oder ungesunde Denk- und Verhaltensmuster »zu verlernen« und statt dessen günstigere neu zu lernen. Zunächst wird gemeinsam mit dem Patienten in einer ausführlichen Verhaltensanalyse erarbeitet, wann und unter welchen Bedingungen ein Symptom auftritt und wann es sich bessert. Der Patient lernt also zunächst, sich selbst genauer zu beobachten und gewinnt hierbei wichtige Erkenntnisse, die dann Grundlage der weiteren Therapie sind.

So kann ein Patient mit chronischen Rückenschmerzen z.B. im Rahmen der Selbstbeobachtung feststellen, daß sich seine Beschwerden immer dann verstärken, wenn er beruflich sehr angespannt ist, wenn er sich über seine Kinder ärgert, ohne ihnen dies zu sagen, oder wenn er darüber nachgrübelt, was wohl wäre, wenn er als Folge eines chronischen Rückenleidens zunächst arbeitsunfähig und dann arbeitslos würde. Umgekehrt könnte er z.B. feststellen, daß die Beschwerden weniger quälend sind oder sogar ganz verschwinden, wenn er gemeinsam mit seiner Frau im Garten arbeitet oder wenn er ein Spiel seiner Lieblingsfußballmannschaft im Fernsehen anschaut.

Bereits diese kleinen Beispiele zeigen, daß es zahlreiche therapeutische Ansatzpunkte gibt, sowohl solche, die direkt am Symptom und seiner Bewältigung ansetzen als auch solche, die darüber hinausgehende Fertigkeiten vermitteln sollen. Direkt am Symptom setzen die weiter oben beschriebenen Entspannungstechniken an, die im Rahmen einer Verhaltenstherapie häufig zum Einsatz kommen. Reichen diese nicht aus, können weitere Methoden hinzugezogen werden:

Bio-feedback-Techniken   Hierbei wird ein normalerweise nicht direkt wahrnehmbarer Körperzustand, z.b. die Muskelspannung, durch ein Meßgerät aufgezeichnet und dem Patienten direkt in Form eines Licht- oder Tonsignals mitgeteilt. Sinkt die Muskelspannung wird beispielsweise eine Lampe gleichzeitig dunkler. Der Patient lernt so, die Muskelspannung oder auch die Hauttemperatur in bestimmten Körperregionen gezielt zu beeinflussen. Das Bio-feedback ist insbesondere bei Spannungskopfschmerz und bei Migräne sehr erfolgreich.

Kognitives Umstrukturieren   Eine weitere wichtige Methode ist das sogenannte kognitive Umstrukturieren. In einigen der Fallbeispiele verschlimmerten sich die Beschwerden der Patienten, wenn sie intensiv über die möglichen Folgen der Erkrankung nachgrübelten und sich somit selbst in Anspannung versetzten. In der Therapie könnten diese Patienten z.B. erlernen, ihre negativen Gedankenketten zu unterbrechen, auf ihren Wahrscheinlichkeitsgehalt hin zu überprüfen und durch positivere zu ersetzen bzw. sich einfach abzulenken. Bei vielen Patienten, die unter den in diesem Buch beschriebenen Krankheitsbildern leiden, führen pessimistisch gefärbte Gedankenketten (»Was könnte ich nur haben …, das wird nie besser, das treibt mich noch in den Wahnsinn! Vielleicht ist es Krebs?«) zu einer Vertiefung der Angst und der Beschwerden. Hier ist das Unterbrechen dieser Schwarzmalerei ein entscheidender Therapieschritt.

● Verhaltenstherapien sind in der Regel Kurzzeittherapien. Programme zur Schmerzbewältigung oder zur Verbesserung der Problemlösefähigkeit gehen im allgemeinen über 10–12 Doppelstunden. Eine Einzeltherapie dauert meist 20–30 Stunden, wobei die Sitzungen anfangs wöchentlich, später dann in größeren Abständen durchgeführt werden. Bei komplexeren Störungen, wenn ein Patient z.b. als Folge schwerer Traumatisierung in der Kindheit zusätzlich zu den körperlichen Beschwerden noch unter Ängsten und Schlafstörungen leidet, dauert die Therapie entsprechend länger, 50 bis maximal 100 Stunden sind möglich. Sollen mehrere therapeutische Strategien gleichzeitig angewendet werden, wie z.b. das Erlernen eines Entspannungsverfahrens, Schmerzbewältigung und soziales Kompetenztraining, kann dies auch im Rahmen einer etwa sechswöchigen stationären Therapie erfolgen. Hier besteht die Möglichkeit, Einzel- und Gruppenbehandlung mit gezieltem Aktivitätsaufbau zu verbinden. Häufige Bestandteile eines verhaltenstherapeutischen Behandlungsprogramms werden im folgenden dargestellt.

Aktivitätsplanung Häufig neigen die Patienten dazu, als Folge der Beschwerden auch auf angenehme Aktivitäten zu verzichten. Ein langweiliges und farbloses Leben und spätere Depressionen sind die Folge. Durch den gezielten Wiederaufbau von Aktivitäten läßt sich die Lebensqualität deutlich verbessern. Die Patienten lernen in der Verhaltenstherapie Aktivitäten in kleinen Schritten neu zu planen und durchzuführen. Dies verbessert die Lebensqualität erheblich, auch wenn es zunächst keinen Einfluß auf die Beschwerden hat. Unser Fallbeispiel läßt jedoch vermuten, daß der Patient, wenn er sich wieder mehr im Garten betätigt, andere gemeinsame Unternehmungen mit seiner Frau macht und auf regionalen Sportveranstaltungen Kontakte aufbaut, insgesamt auch weniger unter seinen Beschwerden leidet.

Streßbewältigungs- und Problemlösetraining Zahlreiche der oben beschriebenen Krankheitsbilder sind streßabhängig oder Folgen einer chronischen Überlastungssituation. In entsprechenden Trainingseinheiten sollen die Patienten deshalb erlernen, Problemsituationen gezielt zu analysieren und nach bisher verborgenen Lösungsmöglichkeiten zu suchen. Streßbewältigungs- und Problemlösetrainings lassen sich besonders gut in Gruppen durchführen, um die Kreativität der Gruppenteilnehmer möglichst gut nutzen zu können. Der Patient unseres Fallbeispieles könnte nach einem solchen Training z.B. seine berufliche Situation als nicht mehr so belastend empfinden.

Soziales Kompetenztraining Manchmal werden Situationen deshalb zur Belastung, weil man keinen Ausweg sieht, einen Konflikt zu klären oder zu entschärfen oder sich für seine eigenen Forderungen einzusetzen. Auch diese Fähigkeiten lassen sich in zumeist in Gruppen durchgeführten Trainingsprogrammen nachweislich verbessern. Der Patient unseres Fallbeispieles könnte so z.b. lernen, Konfliktsituationen mit seinen Kindern so zu bereinigen, daß es nicht mehr zu einem Anstieg von Verspannung und Schmerzen kommen muß. Ein soziales Kompetenztraining ist auch insbesondere für Patienten mit einer *Dysmorphophobie* vielversprechend, da diese ihre soziale Unsicherheit häufig auf ihr Aussehen verschieben. Wenn sie dann im Rahmen eines Trainingsprogrammes die Erfahrung machen, soziale Situationen erfolgreich bewältigen zu können, verliert der Gedanke um das eigene Aussehen an Bedeutung.

Genußtraining Auf den ersten Blick erscheint es sonderbar, daß man genießen lernen soll. Chronisch kranke Menschen haben jedoch ihr Handeln und Denken häufig im Laufe vieler Jahre nahezu vollständig auf die Krankheit eingestellt und somit den Blick für zahlreiche Möglichkeiten von Genuß und Freude verloren. Manchmal ist auch ein Gedanke wie »Wenn ich krank bin, kann es mir doch nicht gut gehen!« daran beteiligt. Im Rahmen eines Genußtrainings kann man nun lernen, insbesondere die kleinen Freuden des Alltages nach und nach wieder für sich zu entdecken.

Körperpsychotherapieverfahren

Das Wahrnehmen von Körperempfindungen, deren Koppelung mit Gefühlszuständen und die Aspekte des Körpergedächtnisses (siehe auch Seite 122) stellen zentrale Punkte in den Krankheitsmodellen psychosomatischer Störungen dar. Daraus folgt umgekehrt schlüssig, daß eine therapeutische Beeinflussung von Körpervorgängen (z.B. über Berührung, aktive oder passive Bewegung) eine Veränderung von psychischen Vorgängen bewirken kann, manchmal auch ohne daß die psychische Problematik besprochen werden muß. Besonders geeignet sind diese Verfahren, wenn eine Förderung der Bewegung, Verbesserung der Krankheitsbewältigung (Aktivierung) oder Unterstützung bei der Entwicklung von neuen Sichtweisen der Erkrankung erzielt werden soll.

Die in Deutschland verbreitetsten und für psychosomatische Patienten aus unserer klinischen Erfahrung geeigneten Körperpsychotherapieverfahren sind die

• Konzentrative Bewegungstherapie,
• die Feldenkrais-Methode und
• die Funktionelle Entspannung (FE).

Fallbeispiel

Funktionelle Entspannung

Als ein Beispiel soll hier das Vorgehen bei der FE beschrieben werden:

Der Therapeut leitet den Patienten in einem Dialog an, auf die Körperempfindung zu achten und diese sprachlich zum Ausdruck zu bringen. Nach einleitenden Phasen der Ruhe führt der Patient jeweils 2–3mal mit möglichst wenig Kraftaufwand kleinste Bewegungen von Körpergelenken, die bei körperlichen Beschwerden möglichst weit weg vom Symptom angesiedelt sein sollen, durch und schildert danach, was er gefühlt hat, was sich vielleicht dabei verändert. Parallel dazu wird er ermuntert, die Wahrnehmung darauf zu richten, was sich während der Ein- und Ausatmungsphase hinsichtlich des Wahrgenommenen verändert und dies zu beschreiben.

Das Vorgehen soll zu einer Harmonisierung des vegetativen Nervensystems mit der entsprechenden entspannenden Wirkung auf den Gesamtorganismus führen. Das Benennen der Empfindungen schafft einen Brückenschlag zu den Denkmustern, wie sie auch im Featurekasten »Körperbezogene Redewendungen«

(Seite 21) beschrieben sind. So kann Material zu Tage treten, das weiter psychotherapeutisch bearbeitet werden kann. Eine Einführung in die FE umfaßt je nach Problem 5–40 Sitzungen. Sie kann in der Regel durch einen Psychotherapeuten vermittelt werden, sofern dieser die Behandlung nicht selbst durchführt.

Schlußbemerkungen

Wir haben verstanden, daß körperliche Mißempfindungen oder Beschwerden gleichrangig mit Gefühlen wie Angst oder Trauer als akute Signale für unser seelisches Befinden im Körper eingesetzt werden können. Die Unterscheidung ist manchmal schwierig, und soweit die Beschwerden nicht nur kurzzeitig zu bemerken sind, Sache des Hausarztes. Nehmen wir zur Kenntnis, daß der einzelne Organismus nicht alleine existieren kann, sondern sich – auch auf der psychischen Ebene – im Austausch mit den anderen befindet.

Körperliche Wahrnehmungen beziehen sich auch auf das »Außen«, also die sozialen Kontakte, den Partner, die Familie, den Vorgesetzten oder die Kollegen. Dabei hat nicht nur das Hier und Jetzt Gewicht. Was wir heute spüren, kann Ausdruck einer Last vergangener Zeit sein, die durch gegenwärtiges Erleben aktualisiert wird. Das Buch sollte verdeutlichen, wie wir uns auch bei unauffälligem Befund krank fühlen können und manchmal auch müssen. Und daß diese Vorgänge und die daraus resultierenden Empfindungen, auch aus der Sicht der Wissenschaftler, nicht weiter »unerklärlich« sind.

Wenn wir die Botschaften aus unserem Inneren verstehen, können wir die Körperbeschwerden und die Körperbeobachtung durch für ein positives Selbsterleben günstigere Funktionen ersetzen. Dies können eine Stärkung unseres Selbstwertgefühls, ein aufrichtiger Austausch unserer Gefühle, eine verbesserte Fähigkeit sich abzugrenzen, der verstärkte Glauben an eigene Aktivität und nicht zuletzt sozialkommunikative Fertigkeiten sein. Intensivere und vielleicht auch glücklichere menschliche Beziehungen und eine größere Zufriedenheit aufgrund der Einsicht realistischer Entfaltungsmöglichkeiten sind der Lohn.

Wir sollten uns klarmachen, daß wir diesen Weg nicht alleine zu gehen brauchen. Die Unterstützung durch den Hausarzt, der eben Arzt ist und nicht »Organmechaniker«, und – warum nicht? – in manchen Situationen durch einen Psychotherapeuten dabei in Anspruch zu nehmen, ist gerechtfertigt und angemessen.

Anhang

Weiterführende Literatur

● Die Adressen von Psychosomatischen Kliniken inkl. der Telefonnummern, über die weiteres Informationsmaterial zu den Kliniken bestellt werden kann, finden sich bei:

H. Neun (Hrsg.): Psychosomatische Einrichtungen (Was sie anders machen und wie man sie finden kann). Vandenhoeck & Ruprecht, Göttingen, 3. Auflage, 1994.

● Eine Zusammenfassung wissenschaftlicher Literatur zu Somatisierungsstörungen bieten:

G. Rudolf, P. Henningsen (Hrsg.): Somatoforme Störungen, Theoretisches Verständnis und Therapeutische Praxis. Schattauer Verlag, Stuttgart 1998.

W. Rief, W. Hiller: Somatoforme Störungen, körperliche Symptome ohne organische Ursache. Verlag Hans Huber, Bern 1992.

● Ebenfalls Aspekte der funktionellen Erkrankungen aus einer eher internistisch orientierten und ganzheitlichen Sicht mit besonderem Schwerpunkt im Bereich der Therapie behandelt:

J. M. Hermann, H. Liska, G. J. Dietze: Funktionelle Erkrankungen. Diagnostische Konzepte und therapeutische Strategien. Urban & Schwarzenberg, München 1996.

● Über psychosomatische Schmerzerkrankungen kann man sich weiter informieren bei:

U. T. Egle, S. O. Hofmann (Hrsg.): Der Schmerzkranke. Grundlagen, Pathogenese, Klinik und Therapie chronischer Schmerzsyndrome aus biopsychosozialer Sicht. Schattauer Verlag, Stuttgart 1993.

● Eine auch für den Laien verständliche Einführung in die Psychiatrie bietet:

D. Ebert, T. Loew: Psychiatrie systematisch. Unimed Verlag, Bremen, 2. Auflage 1997.

● Eine Einführung in Entspannungstechniken:

W. Wiedemann: Entspannung für Einsteiger. Verlag Vandenhoeck & Ruprecht, Göttingen 1996.

● Die Angst aus psychosomatischer und psychotherapeutischer Sicht beschreibt:

S. Mentzos (Hrsg.): Angstneurose. Psychodynamische und psychotherapeutische Aspekte. Geist und Psyche. Fischer Verlag, Stuttgart 1991.

● Eine Einführung in psychoanalytische und tiefenpsychologische Denkmodelle, die manchmal auch für die Therapie von somatoformen Störungen sehr hilfreich sein können, bietet:

S. Mentzos: Neurotische Konfliktverarbeitung. Einführung in die psychoanalytische Neurosenlehre unter Berücksichtigung neuer Perspektiven. Geist und Psyche. Fischer Verlag, Stuttgart 1984.

● Eine aktuelle Zusammenstellung verhaltenstherapeutischer und medikamentöser Therapieansätze bei der Panikstörung findet sich bei:

R. J. Boerner (Hrsg.): Die Panikstörung. Diagnose und Behandlung. Schattauer Verlag, Stuttgart 1997.

● Über die Bedeutung der Traumatisierung, insbesondere des sexuellen Mißbrauchs, informiert folgendes Buch:

U. T. Egle, S. O. Hofmann, P. Joraschky: Sexueller Mißbrauch, Mißhandlung, Vernachlässigung. Schattauer Verlag, Stuttgart 1996.

● Eine Zusammenstellung zur Depression bietet:

S. Arieti, J. Bemporad: Depression. Krankheitsbild, Entstehung, Dynamik und psychotherapeutische Behandlung, Klett-Cotta Verlag, Stuttgart 1983.

● Zur Konversionsstörung kann man sich informieren bei:

M. Kößler, C. E. Scheidt: Konversionsstörungen. Diagnose, Klassifikation, Therapie. Schattauer Verlag, Stuttgart 1997.

● Einen Überblick über die verschiedenen Psychotherapieverfahren gibt:

G. T. Koppel: Wochenendlektüre: Basiswissen Psychotherapie. Vandenhoeck & Ruprecht, Göttingen 1994.

Sachverzeichnis